生涯学習支援のデザイン

髙井 正 | **中村 香** ［編著］
Tadashi Takai, Kaori Nakamura

玉川大学出版部

はじめに

　本書は、人々の学習、学習やつながりに基づく地域づくり・コミュニティづくりを支える人が、「生涯学習支援論」を学ぶ教材として編集されている。「生涯学習支援論」は、2018年に公布、2020年に施行される「社会教育主事講習等規程の一部を改正する省令」（文部科学省令第5号）により、社会教育主事の資格取得の必修科目と位置づけられた新しい科目である。

　その背景には「人生100年時代」と言われる今、すべての人が生涯を通じて主体的に自分の人生を生きたいという願いの高まりがある。さらには、人生を豊かにする自らの学びをデザインすることに加え、人々の学習ニーズに応え、それぞれの特性や課題に応じることのできる、学習支援に関する高度な知識やスキルといった専門性がより必要になってきたことが挙げられる。

　生涯学習支援の専門性は、学習者が学ぶ現場で発揮される。社会教育の専門職である社会教育主事は原則的に教育委員会事務局に配置される。しかし、多くの社会教育・生涯学習の現場、例えば公民館などの社会教育関連施設、行政の首長部局、市民活動やボランティア活動などにおいては、その職員やスタッフによって、多様な人々の学習支援が行われてきた。

　2020年度からの社会教育主事養成カリキュラムの修了者は、「社会教育士」を称することができるようになる。社会教育・生涯学習の現場で学習者と向き合い、人づくりや地域づくりに携わる支援者の役割が見直されてきたからである。地域社会の課題が多様化・複雑化する中、福祉・労働・環境・地域振興・産業振興・防犯防災などに関する行政機関や、NPO・学校・企業を始めとした様々な主体と連携・協働しつつ、「社会教育士」には以下のような役割が期待されている。

○人々の地域社会への参画意欲を喚起すること
○学習成果を地域課題解決につなげていくこと
○学習を介して人と人とのつながりをつくり地域の活性化を図っていくこと
　こうした役割が期待されている「社会教育士」には、地域の実情を踏まえ、

社会教育主事と連携・協働して活動を行うことが望まれている。

　では、そのような活躍が期待される社会教育の専門職としての実践的力量を培うために、生涯学習支援論では何を学ぶのか。

　本書のタイトルは『生涯学習支援のデザイン』である。生涯学習は個人と社会の両方に意義を持つ。個人の学習は、所属する組織や社会の影響を受けつつも、組織や社会を変革する力も持っている。ゆえに本書では、個人の生き方と社会の在り方を結びつける概念を「生涯学習」と捉える。誰もが豊かな人間関係の中で、より人間らしい人生を送るため、そして組織や社会をよりよくするために、組織や社会の中で主体的・協働的に実践すること自体が学習になる。またデザインとは、服・建築・都市など、あらゆる分野で物事を構想・考案することであり、そこには「こうあってほしい」「こうなってほしい」という意図や想いがあるものである。本書においても、学習支援者が様々な領域や場面で多様な学習者の学びを促す活躍をすることを願い、デザインとした。本書は、次に示す４部構成である。多くの先行研究や社会教育関係者の実践の蓄積に基づき、生涯学習支援の在り方を考察するとともに、社会教育の豊かな実践事例から具体的に学ぶことになっている。

　第１部は、本書の序論的位置づけである。生涯学習やその学習支援が見直されるようになった社会的背景から、社会教育の役割を捉え直すとともに、生涯学習支援の在り方について考察する。また、生涯学習者を育むという観点から、子どもの学びの諸相について考察する。

　第２部では、生涯学習や社会教育の中心的存在である成人について、学習者としての特性や学習支援の在り方を考察する。学習とは、一人ひとりの成人の人生を豊かにしていくものである。そして、生活に根ざした成人の学び合いは、社会をつくることにつながっていくことを学ぶ。

　第３部では、学習支援の具体的な方法として、学習プログラムの企画・展開・評価の基本について考えていく。企画・展開・評価はそれぞれ独立しているものではなく、３つの取り組みをトータルに捉え、その全体のプロセスをデザインしていく視点の重要性を踏まえて学んでいく。

　そして第４部では、学習支援者として必要な能力とその形成の在り方について考察をする。学習者の学習支援や社会的課題の解決に資するには、NPO

や企業などと連携・協働する必要があり、学習支援者自身も生涯学習者であることを踏まえて、学び合う意義やその方法を考察する。

　本書は、前述のとおり、実践事例を数多く掲載している。事例は、例えば第1部に載っていれば、まずは第1部に書かれた観点で読んでみてほしい。また、読み進める中で得られた他の観点でも読み直してみると、当初とは異なる気づきがあるかもしれない。あるいは、自身の経験、他の科目で学んだことを踏まえた考察をしてみると、学びが深まるのではないだろうか。

　なお、本書で紹介されている事例は、必ずしも模範事例や先進事例として取り上げているわけではない。執筆者らが実践や実践研究の交流を通して学び合った実践者や研究者により描かれたものである。時に数年、数十年にわたる試行錯誤の取り組みから、学習支援について多くのことを学ばせてもらった。今回首都圏における取り組みが多いのは、執筆者らのつながりに基づくからであるが、本書の読者の周りにも豊かなつながりがあるのではないだろうか。ぜひ、人のつながりによる可能性や、自らが居住する地域における取り組みについても調べて、学びの地平を広げてみてほしい。

　編集に際しては、通信教育などにおける自学自習がしやすい仕組みを用意してみた。各部の扉には、その部で学ぶことを考える視点や概要が示されている。各章の冒頭には要点やキーワードを、また各章の終わりには「確認問題」と「より深く学習するための参考文献や資料」が載っているので、学習の手がかりとし、発展的な学習にも挑戦することを期待する。そして巻末には、学習支援をする際の具体的な資料、関連する法令や索引を掲載した。これらを活用して、学びを深めてほしい。

　最後に、本書の刊行にあたりご協力くださった多くの方々に心から感謝申し上げたい。

　2019年9月

髙井　　正

中村　　香

目　次

はじめに　iii

第1部　生涯学習の新たな展開 ……………………………………………1

第1章　生涯学習支援の理念と構造 ………………………………………2
　　1　生涯学習の広がりを支える社会教育　2
　　2　社会とつながる主体的な学び合いの支援　6
　　3　生涯学習を支える学習支援者　9
　　事例1　国分寺市立公民館保育付き主催事業　12
　　事例2　ユースワークと生涯学習　16

第2章　生涯学習者を育む学習支援 ………………………………………20
　　1　主体性が育つ学習支援　20
　　2　社会生活が困難な子ども・若者の学習支援　24
　　3　子どもとともにつくる社会　27
　　事例3　未来にはばたけ子どもたち「所沢こどもルネサンス」　30
　　事例4　外国につながる子どもたちと学習支援　34

第1部のおわりに　38

第2部　成人の学習を培う ……………………………………………39

第3章　成人の学習を支える考え方 ………………………………………40
　　1　1つの理論としてのアンドラゴジー　40

2 社会教育に見る成人の学習　43

3 社会をつくる成人の学び合い　46

事例5 「荒川コミュニティカレッジ」が生み出す新たなつながり　50

事例6 持続可能な地域社会をつくる運動と学習　54

第4章　生涯学習社会を志向した学び………………………………………58

1 高齢者を捉え直す　58

2 高齢者の特性と学習支援　61

3 超高齢社会に生きる人々の生涯学習　63

事例7 高齢社会の学習支援ボランティアと「あだち区民大学塾」　66

事例8 障害者の生涯学習と国立市公民館「コーヒーハウス」　70

第2部のおわりに　74

第3部　学習プログラムのデザイン………………………………75

第5章　学習プログラムの企画………………………………………………76

1 学習プログラムとは何か　76

2 企画のプロセスデザイン　78

3 パートナーとしての講師や学習支援者　82

4 企画を実現するための3つの課題　83

事例9 パートナーとともに学ぶ女性のキャリア継続支援講座　86

事例10 市民ボランティアによる地域を生かした学習支援　90

第6章　学習プログラムの展開………………………………………………94

1 学習の質を高める事前準備　94

2 学習の導入からクロージングまで　97

3 学習方法と空間のデザイン　101

事例11 学校と創る家庭教育学級「人権学習プログラム」　104

vii

事例 12　協働でつくる「豊島区若者支援事業ブックカフェ」　108

第7章　学習プログラムの評価 ……………………………………………112

1　評価の前提について考える　112

2　生涯学習事業の評価　115

3　記録を書くことの意味　118

事例 13　西東京市公民館の評価の構造　120

事例 14　中米・ニカラグアの農業研修における評価の意味　124

第3部のおわりに　128

第4部　学習支援者の力量形成 ………………………………………129

第8章　学習支援者の役割と求められる能力 ………………………130

1　学習支援者の種類と役割　130

2　社会教育主事資格の活用〜「社会教育士」の可能性　132

3　学習支援者に求められる能力　134

事例 15　川崎市社会教育職員研修「自主グループ研修」　138

事例 16　職員の自主的な学びのネットワーク「たまいく」　142

第9章　学習支援者の力量形成を支えるコミュニティとネットワーク……146

1　学習支援者の力量形成　146

2　実践的な力量形成を目指すカリキュラムのデザイン　148

3　学習支援者の学び合うコミュニティとネットワーク　151

事例 17　職員をつなぎ、力量形成を支える千葉県公民館連絡協議会　154

事例 18　韓国の平生教育士協会　158

第4部のおわりに　162

資料　163
索引　205

x

第1部　生涯学習の新たな展開

　「はじめに」に書かれているとおり、本書では社会教育主事や社会教育士養成における必修科目となった「生涯学習支援論」について学ぶ。
　第1部は、生涯学習支援論を学ぶ導入であるとともに、本書の導入でもある。なぜこれから生涯学習支援論を学ぶ必要があるのか、また、第1章には本書の各部が位置づけられた意図が記してある。
　第1章では社会教育の新たな展開を捉えるために、「生涯学習支援の理念と構造」について学ぶ。生涯学習支援論には、「生涯学習」と「学習支援」の2つの要素が含まれているが、なぜ改めて生涯学習が見直され、学習支援が必要になってきたのか。現代社会の特徴を踏まえた上で、生涯にわたる学びを支える教育の構造から社会教育の役割を捉え、学習支援者として理解しておきたいことを考察する。
　第2章では、「生涯学習者を育む学習支援」ということで、子どもに焦点を当てた学習支援について考察をする。子どもの学びは学校教育・大人の学びが社会教育と捉えている人が少なくないが、子どもの頃から生涯学習者として育むこと、発達段階なども踏まえて主体性が育つ学習支援をすること、社会生活が困難な子ども・若者の学習支援の必要性を考察した上で、子どもとともにつくる地域社会について展望する。

地域の「子ども食堂」で子どもとボランティアの学生が一緒に食事をする様子

第1章 生涯学習支援の理念と構造

本章では、生涯学習やその支援が見直されるようになった社会的背景や、生涯学習社会が目指されていることを踏まえ、学習者の主体性を育む学習支援や学習支援者の必要性について考察する。なぜ生涯学習やそのための社会教育が必要なのかを考えてほしい。

キーワード　生涯学習の理念、社会教育、人生100年時代、生涯学習社会、主体性、社会をつくる学び

1　生涯学習の広がりを支える社会教育

日本の教育政策は、生涯学習の理念に基づき展開されている。2006年に改正された教育基本法の第3条「生涯学習の理念」によると、生涯学習とは個人的な成長のみならず、社会の在り方をも展望した理念である。

（生涯学習の理念）
第3条　国民一人一人が、自己の人格を磨き、豊かな人生を送ることができるよう、その生涯にわたって、あらゆる機会に、あらゆる場所において学習することができ、その成果を適切に生かすことのできる社会の実現が図られなければならない。

本書は、「はじめに」に記されたとおり、社会教育主事養成の必修科目に位置づけられた「生涯学習支援論」を学ぶ教材として編集されている。社会教育とは、「学校の教育課程として行われる教育活動を除き、主として青少年及び成人に対して行われる組織的な教育活動」（社会教育法第2条）であり、「個人の要望や社会の要請にこたえ、社会において行われる教育」（教育基本法第12条）である。また、国及び地方公共団体は、社会教育を「奨励」し、「振興に努めなければならない」（教育基本法第12条）とされている。

2　第1部　生涯学習の新たな展開

では、なぜ社会教育に携わる人が生涯学習支援論を学ぶ必要があるのか。社会教育の振興方策について取りまとめた中央教育審議会答申「人口減少時代の新しい地域づくりに向けた社会教育の振興方策について」（2018年）を踏まえ、その背景や意図を概観する。

(1) 人生をデザインする生涯学習

　日本は今や「人生100年時代」と言われる。その捉え方はリンダ・グラットンとアンドリュー・スコット（Gratton, L. and Scott, A.）の『LIFE SHIFT』[1]に基づく。同書では、今後ますます人生の選択肢が増えるマルチステージ化することと、過去のライフモデルが役立たなくなることが予測されている。ライフモデルがないということは、どう生きるのか、何をするのか、その時期も含め、人生を自分でデザインしなければならないことを意味する。長くなった人生の時間をレクリエーションのみならず、新たなアイデンティティ・役割・ライフスタイル・スキルなどを身につける「リ・クリエーション」にも使う必要がある。ライフキャリアとして生涯にわたる学習を捉える必要性が増したということである。

　前述の答申では、学び続ける必要性という点で「Society5.0」についても特筆している。「Society5.0」とは、第5期科学技術基本計画で日本の目指すべき未来社会として提唱されたものである。狩猟社会がSociety1.0であり、順に、農耕社会、工業社会、現在の情報社会と続く。Society5.0では人やモノがインターネットでつながり、生活の至る所に人工知能（AI）が普及する「超スマート社会」になると考えられている。そうなると、既存の大多数の仕事はAIに代わり、労働市場が変化する。

　長寿化する一方で人口が減少し、AIの普及などにより働き方が変わる中、自らの市場価値を維持・高めつつ、後悔しない人生を送るためには、誰もが学び続け、人生をデザインする必要性が高まったということである。

(2) 生涯学習社会の実現

　生涯学習が自己実現と社会実現を展望した理念であることを踏まえ、地域社会に目を転じてみると、課題が山積していることが見えてくる。例えば、

第1章　生涯学習支援の理念と構造　│　3

グローバル化に伴う多文化共生や人権尊重の課題、高齢化に伴う健康・労働・福祉の課題、つながりの希薄化や地方財政の悪化などによる地域社会の衰退、防災・防犯の課題など、枚挙に暇がない。2015年の国連総会で採択された「持続可能な開発のための2030アジェンダ」で「持続可能な開発目標（SDGs）」が示されたことを踏まえ、地球の持続可能性という観点から考えても、地域課題から国際社会を展望する視野の形成が鍵になる。

　また、現代社会の課題は、複数の要素が複雑に絡み合い、何が課題なのか、課題の構造や解決の方向性が見えにくい。そのため、現代社会を表すキーワードの1つにVUCA（ブーカ）がある。VUCAとは、Volatility（変動性）、Uncertainty（不確実性）、Complexity（複雑性）、Ambiguity（曖昧性）の頭字語である。

　VUCAが特徴の現代社会では、社会や地域の課題を解決する「正解」というものがあるわけではない。また、課題を解決したつもりでも、異なる形で新たな課題が表出し、「角を矯めて牛を殺す」という状況もある。

　そのため行政においては、例えば、国土交通省が防災やまちづくりの観点、経済産業省がキャリアや「学びの社会システム」構築の観点、環境省が環境教育の観点から、学びの在り方や社会教育を捉え直している。また、行政のみならず、医療・教育・産業・福祉・防災などの機関や、企業・大学・NPOなどの組織がそれぞれの領域や場面で主体的に考え、公共的価値の実現に向けて連携・協働しなければ、社会として持続不可能である。

　ゆえに現代社会では、個人としても組織としても時代を捉えて学び続け、その成果を社会に生かす「生涯学習社会」が目指されている。前述の答申でも、「一人一人が、学びを通じてその能力を維持向上し続けることができるよう、誰もが生涯にわたり必要な学習を行い、その成果を個人の生活や地域での活動等に生かすことのできる『生涯学習社会』実現への取組をより強固に進める必要がある」[2]と説いている。

(3) 生涯学習社会の実現に中核的な役割を果たす社会教育

　では、いかにして生涯学習社会を目指すのか。人々の生涯にわたる学びを支える教育として、家庭教育・学校教育・社会教育を総合的に捉える必要が

ある。

　社会教育は、先にも述べたように、学校教育以外のあらゆる組織的教育活動である。また、社会教育では、例えば**事例1**に見られるように、子育てのような生活に根差した疑問や関心から学びや学び合い（自己教育・相互教育）を促し、人々のつながりや交流から、自らの生活や地域をよりよくする主体性を育んできた。前述の答申では、社会教育が行ってきたことを捉え直し、「生涯学習社会の実現に向けて中核的な役割を果たすべき」[3]と社会教育の振興方策を記している。人づくり・つながりづくり・地域づくりという点で、今後も学びと活動の好循環が生まれるように、「住民の主体的な参加のためのきっかけづくり」「ネットワーク型行政の実質化」「地域の学びと活動を活性化する人材の活用」という3点から、「開かれ、つながる社会教育」となることが期待されているのである（**資料19**）。

（4）生涯学習社会を実現する学習支援

　ところが、日本においては、生涯学習や社会教育と言うと、未だに高齢者の余暇活動のイメージが根強く、子どもの学びは学校教育、大人の学びが社会教育と捉えている人が少なくない。

　生涯学習という理念の礎となったのは、ポール・ラングラン（Lengrand, P.）がユネスコ（国際連合教育科学文化機関）の第3回成人教育推進国際委員会に提出した「生涯教育論について」（1965年）と称するワーキングペーパーである。ラングランは、生涯にわたる教育とは「伝統的な教育の単なる延長といったものではない」「生存の意味そのものから取りかかっての、一連の新しいアプローチを意味」[4]すると説いている。

　今後ますます VUCA な世界になることを考えると、ラングランが説くように、子どもの学びや学校教育も含め、生涯にわたる教育の構造や在り方を捉え直す必要がある。例えば、若者が社会に出た途端に挫折しないように、レジリエンス（強風でも折れない竹のようなしなやかな強さ）を高める必要があり、そのためにはネガティブ・ケイパビリティ（子どもの頃から答えの出ない事態に耐える力）を培う[5]ことや、生涯にわたり物事や人々との関係性の中で知を生成し活用する力を培うことが不可欠である。

ゆえに本書では、生涯学習者を培うという観点から第2章で子ども、第3章で成人、第4章で高齢者に焦点を当て、それぞれの学習特性や学習支援の在り方を考察する。本書ではわかりやすいように年齢層で章を分けたが、一人ひとりに個性があることは前提である。サムエル・ウルマン（Ullman, S.）が「青春」という詩で、「年を重ねただけで人は老いない。理想を失うときはじめて老いる。［中略］20歳であろうと人は老いる。頭を高く上げ希望の波をとらえる限り、80歳であろうと人は青春にして已む」[6]と記すように、年齢で区切れるほど、人は単純ではないからである。その人が生きてきた環境、若い頃からの生き方や未来の捉え方などにより、人は一様ではない。

2　社会とつながる主体的な学び合いの支援

(1)　学習者の個性を尊重する学習支援

　学習支援の第一歩は、学習者の個性を尊重することから始まることを、中学生を例に考えてみよう。中学生というと、昼間に中学校で学び、部活動などに励む元気な姿を思い浮かべやすいが、それが中学生の全容ではない。

①　学びのセーフティネット

　教員が家庭・病院・施設を訪問する訪問教育や、特別支援学校で学修に励む生徒もいる。厚生労働省によると、日常生活を送るのに医療的ケアや人工呼吸器などの医療機器を必要とする医療的ケア児は約1.8万人（2016年）と推計され、10年間で約2倍になっている[7]。障害児・者と暮らす兄弟姉妹は心理的葛藤に悩むことがあるので「きょうだい支援」も必要になる。

　障害の有無に関わりなく、心理的な理由や諸事情で不登校になり、教育委員会が設置する教育支援センターやNPOなどが設置するフリースクールで学ぶ生徒もいる。家庭の経済状況により進学が阻まれる生徒も少なくない。不登校などにより「ひきこもり」状態になった人は、自ら教育機関や相談機関に出向くことが難しいため、アウトリーチ（訪問支援）や福祉などの関係機関との連携、またユースワーク（**事例2**）の視点も必要になってくる。

　人格や個性を尊重された学習環境づくりの重要性が増しているのであり、

6　第1部　生涯学習の新たな展開

誰もが安心して学び、自分らしく社会参加するための「学びのセーフティネット」[8]が必要である。また、教育・福祉・医療・NPOなどの機関や組織が連携・協働しなければ、セーフティネットにはならない。

② 夜間中学

　中学生の中には中学校夜間学級（いわゆる夜間中学）で学修に励む人もいる。夜間中学では60代以上の人も学んでいる（**図1-1**）。2016年末には「義務教育の段階における普通教育に相当する教育の機会の確保などに関する法律」が公布され、義務教育を修了したものの、不登校などの理由で実質的に学修できなかった入学希望既卒者も学び直すことができるようになった。しかしながら、夜間中学は9都府県に33校（2019年4月時点）しか設置されていないため、ボランティアによる自主夜間中学が社会教育として各地で開設されており、ボランティアの養成も社会教育で行われている。

　また、**図1-1**の入学理由で明らかなように、夜間中学には外国につながる生徒が多い。外国につながる人々の教育は、学校教育・社会教育を問わず十分に整っているとは言い難く、ボランティアに支えられている（**事例4**）。

　つまり中学生と言っても、その学び方・年齢・国籍などは異なり、学校のみならず、福祉・医療・NPOの機関や組織、また、教員のみならずボランテ

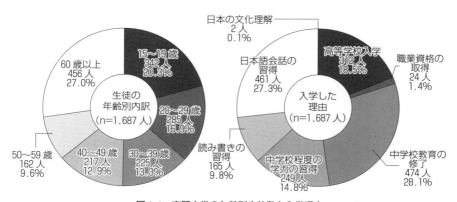

図1-1　夜間中学の年齢別生徒数と入学理由
文部科学省「平成29年度夜間中学等に関する実態調査」に基づき作成

ィアや社会教育が学びを支えている。学習者の背景や想いなども考えると、学習支援者は安易に学習者を理解した気になるのではなく、学習者の個性に目を向けるとともに、その個性が尊重される学習機会を整える連携・協働をする必要がある。

(2) 主体性を育む学習支援

中学生の諸相から明らかなように、学習支援の第一歩は、学習者の個性を尊重することから始まる。特に公教育に携わる人は、人権尊重に基づく学習環境の整備が学習支援につながることを改めて確認しておきたい。

1948年の第3回国連総会において採択された「世界人権宣言」[9]の第1条には、「すべての人間は、生れながらにして自由であり、かつ、尊厳と権利とについて平等である」と記されている。つまり人権とは、誰もが人として生まれながらに持つ権利であり、「思いやり」や「やさしさ」のような、情緒的に与えたり、与えられたりするものではない。同宣言の第2条には「すべて人は、人種、皮膚の色、性、言語、宗教、政治上その他の意見、国民的若しくは社会的出身、財産、門地その他の地位又はこれに類するいかなる事由による差別をも受けることなく、この宣言に掲げるすべての権利と自由とを享有することができる」とあり、いかなる差別も否定している。

また、1985年のユネスコにおける「学習権宣言」[10]にも記されているように、学ぶことは基本的人権の1つであり、「学習活動はあらゆる教育活動の中心に位置づけられ、人々を、なりゆきまかせの客体から、自らの歴史をつくる主体にかえていくもの」なのである。人権を尊重した学習支援をするためには、誰もが学べる環境を整え、主体性を育むことが重要である。

(3) 社会をつくる学びの学習支援

現代社会には、個人の生活を脅かしかねない課題が山積していることを踏まえると、人権尊重に基づく学習環境の整備・充実とともに、学び合いに基づき主体的に「社会をつくる学び」も不可欠である。前述のとおり、VUCAが特徴の現代社会では、公共的価値の実現のために知恵を出し合い連携・協働しなければ持続不可能になっているからである。

8　第1部　生涯学習の新たな展開

一方で、地域社会に目を転じてみると、職業や生活を通して豊かな経験や知を培った人々の宝庫であることが見えてくる。一人ひとりが重ねてきた人生を尊重しつつ、経験を生かすことができる場をデザインすること自体が学習支援になるとともに、学び合いに基づく共通認識が、組織や社会を変革する力や社会的課題の解決にもつながるのである。

　例えば、孤独に子育てをする人が増える中、**事例1**の国分寺市立公民館保育付き主催事業は、子育て中にも学びたかった母親たちのボランティアにより始まった。つまり、子育て中にも学びたかった母親たちの状況を学習課題や地域課題として認識すること、また、男女共同参画社会や育児などについて知識として学ぶことのみならず、学び合い育ち合う人間関係を培うことにより、自らの生き方を捉え直すとともに、課題を解決する力やともに生きる地域づくりにもなっているのである。第3章に記されているように、学習を通して学習主体として成長したり、個人の学習課題が「私たち」の学習課題になったり、学習支援の在り方や学習者の主体的な学び合いが、社会を変える力にもなるということである。

　ゆえに第3部では、学び合える場を創出する学習プログラムのデザインから、学習支援の具体的な方法を考察する。学習プログラムの企画・展開・評価の一連の流れの基本的なことのみならず、それぞれのプロセスに丁寧に取り組むことが学習者の学びを深めることを捉えてほしい。

3　生涯学習を支える学習支援者

(1)　社会教育主事養成制度の見直し

　生涯学習社会が目指されている現在、社会教育における学習支援者は、学習者の個性に目を向けるとともに、その個性が尊重されるように連携・協働する必要がある。また、誰もが学べる環境を整え、主体性を育む学びを支援することや、学び合いに基づく「社会をつくる学び」も不可欠になってきた。

　そのため、社会教育主事養成制度が見直されたのであり、「社会教育主事講習等規程の一部を改正する省令の施行について」(2018年)によると、次ページに示す6つの能力の養成が図られている。学習支援者に求められる具体

的な能力については本書の第 8 章で学ぶが、生涯学習社会の実現のために 6
つの能力を培う必要があるということである。

1 生涯学習・社会教育の意義など教育上の基礎的知識
2 地域課題や学習課題などの把握・分析能力
3 社会教育行政の戦略的展開の視点に立った施策立案能力
4 多様な主体との連携・協働に向けたネットワーク構築能力
5 学習者の特性に応じてプログラムを構築する学習環境設計能力
6 地域住民の自主的・自発的な学習を促す学習支援能力

(2) 学習支援者にも求められる学び合い

　生涯学習社会を目指すために、教育・福祉・医療・NPO などの機関や組
織が連携・協働することを考えると、学習支援者もそれぞれの立場や考え方
から学び合う必要がある。例えば、企業においても環境問題を始めとする社
会的課題に「企業の社会的責任（CSR）」として取り組むことや、「共通価値
の創造（CSV）」が企業価値を高めると捉えられていることを踏まえると、
CSR や CSV の担当者が社会教育士の資格を取得して活躍することも考えら
れる。それぞれの主体が力を発揮し、連携・協働するために、社会教育の学
習支援者は福祉などの近接領域のみならず、企業の人とも学び合う必要があ
る。
　そこで第 4 部では、学習支援者として活躍することが期待される人々や能
力について考察した上で、学習支援者として学び続けるためのコミュニティ
やネットワークの必要性について述べる。価値観の多様化や社会の変化に伴
い、人々の生き方や学習課題が変遷することを踏まえると、学習支援者も学
習者として共同的に学び続ける必要があり、支援者自身の成長が充実した学
習支援の展開につながるのである。

注
1）リンダ・グラットンとアンドリュー・スコット『LIFE SHIFT』（池村千秋訳）東
　　洋経済新報社、2016 年。

2）中央教育審議会答申「人口減少時代の新しい地域づくりに向けた社会教育の振興
　方策について」2018年、p.3。

3）同前、p.3。

4）ポール・ラングラン『生涯教育入門　第一部』（波多野完治訳）、全日本社会教育
　連合会、1984年、p.63。

5）帚木蓬生『ネガティブ・ケイパビリティ　答えの出ない事態に耐える力』朝日新
　聞出版、2017年。

6）サムエル・ウルマン『青春とは、心のわかさである。』（作山宗久訳）、角川文庫、
　1996年、pp.22-24。

7）厚生労働省政策統括官付政策評価官室　アフターサービス推進室「医療的ケアが
　必要な子どもと家族が、安心して心地よく暮らすために」2018年、p.3。

8）2018年に閣議決定した「第3期教育振興基本計画」には、「誰もが社会の担い手
　となるための学びのセーフティネットを構築する」ことが、示されている。

9）世界人権宣言の全文は、外務省のウェブサイトに載っている。

10）1985年の第4回ユネスコ国際成人教育会議で採択された。学習権の内容とともに、
　学習権は人間の基本的権利と示している。

確認問題

(1) なぜ改めて生涯学習を捉え直す必要があるのか。

(2) 学習支援で大事なことは何か。

(3) なぜ学習支援者にも学び続けることが求められるのか。

より深く学習するための参考文献や資料

• くにたち公民館保育室問題連絡会編『学習としての託児』未来社、2014年（「子ど
　も一時預かり所」に止めない「学習としての託児」という問題提起をしている）。

• デイヴィッド・ストロー『社会変革のためのシステム思考実践ガイド』（小田理一
　郎監訳）、英治出版、2018年（複雑な社会的課題の解決策を共に見出し、コレクテ
　ィブ・インパクトを創造する実践的なガイド。学習支援者は、教育学のみならず経
　営学などの文献からも学んでほしい）。

第1章　生涯学習支援の理念と構造　｜　11

事例1　国分寺市立公民館保育付き主催事業

1　国分寺市立公民館保育室について

⑴　歴　史

　国分寺市の公民館保育室は、1971年の教育講座申込者の希望をきっかけに始まった。当時、国分寺市立公民館の講座に保育はなく、子ども連れで参加する学習者は周囲に気兼ねし思う存分学習に集中できる環境にはなかった。母親たちから講座の時間に子どもを預かってほしいという希望が出され、自分もかつて子育て中に学習したかったができなかったという思いを持つ母親たちが、ボランティアで託児を行ったのが始まりとなる。翌年には保育者賃金を予算化し、主催事業と自主グループの活動に公民館事業としての保育を実施した。当初は和室と敷地内に建つ学童保育所で保育を行ったが、1974年開館の本多児童館内に保育室が設置されて以降、順次、国分寺市立公民館にも専用の保育室が設置された。

⑵　目　的

　国分寺市立公民館では、人生のどの時期においても市民が仲間と学ぶことを大切に考え、保育室を設置し公費で運営している。地域社会の人間関係が希薄になっている現代において、地域に知り合いがいなく、孤独に子育てをしている人が増えている現状がある。子育て中の親にも子どもにも、いつでも親しい仲間が必要であると考え、公民館で地域の仲間と出会い、活動する中で、より深い関係を築いていくことを目指している。

⑶　運営の仕組み

　保育室活動は、親の学習や活動時に子どもを預けるのみならず、暮らしや生き方を見直すことにつながる「学習の場」としての機能を持っている。子どもたちは、親と離れ、親ではない大人（保育者）や異年齢の仲間と継続して関わりを持つことにより成長していく。保育者は、公民館保育室について理解のある保育士や地域の子育て経験者が担う。保育付き講座受講後、子どもが就学したのをきっかけに保育者になる人もいる。公民館保育室は、学ぶ側から支援す

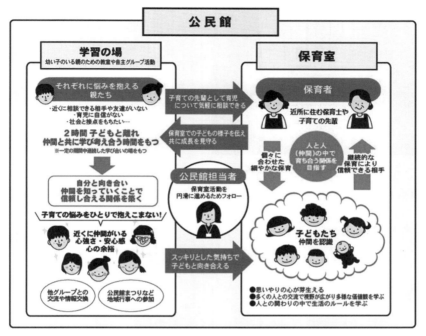

保育室活動の概要（国分寺市立本多公民館「保育室のしおり」より）

る側へつながる場ともなっている。

2 幼い子のいる親のための教室

(1) 教室の概要

　半年にわたり16回程度開催され、そのうち13回に保育が付く（2018年度現在）。学習時間（保育時間）は、平日午前中の2時間とし、教室の開催時期、講師、テーマは各公民館で企画し、実施している。

　教室では、子育てに関して個々が抱える不安や悩みを一緒に考えていくことから始まり、仕事・パートナーとの関係・親との関係などにおいて固定的に捉えられている役割や生き方を見直し、人として差別なく生きられる社会を目指し学習していく。将来の自分自身のことを考え、他の人の意見や講師の話を聞く中で、納得したり、共感したりする時間となっている。みんなで話し合うことで、いままで当然と思っていたことへの見直しや大事にすべきことは何かな

全員の顔を見ながら話し合う教室

ど、自分の暮らしをふり返り、見つめ直す機会にしている。

また、保育室での子どもの様子を保育者から聞き、子どもの育ちや子ども同士の関わりについてともに考える懇談会を設けている。子どもにとって何が大事か、親としてどう接すればよいかなどについて話し合っている。

教室終了後は、自主的なグループ活動を行うかどうか話し合い、例年自主グループが誕生し活動を始めている。

(2) **参加者の声**
- 出産後、人と話す機会が少なかったので、考えて語る時間は貴重でした。
- 「子どもの友達のお母さん」ではなく、いろいろなことを話せる仲間ができたことがありがたかったです。
- 保育室での子どもの様子を聞くことができ、成長を感じ嬉しく思いました。保育者さんも試行錯誤して預かってくださっていることに感謝の気持ちでいっぱいになりました。

(3) **保育者の声**
- 2時間を「ただ預かる」というだけではなく、子どもたちの成長過程や子ども同士の関わりから見えてくるさまざまな課題を話し合いながら、三者(保護者・保育者・職員)で共有し考え合うことは保育者の学びにもつながっています。

保育者とともに保育室で過ごす子どもたち

- 異年齢児との関わりが多いのが公民館保育室の特徴です。お互いに良い刺激を受けています。

• 懇談会で保育室や家での様子を共有できる場があり、グループの雰囲気
  などもわかるので、子どもの育ちを皆で見守っていくことができます。

3　現状と課題

⑴　現　状

　プレ幼稚園に通う子どもや一時保育などの預け先の増加・習い事を始める歳
の低年齢化により、一時は教室への応募が定員を下回ることもあった。教室か
ら生まれた自主グループの活動が定着したために口コミや広報活動の影響で
2018年度は参加者数が増加した。共働き世帯が増える昨今、育児休暇中の参加
者が増えている。参加者の悩みのほとんどが子育てに関することだが、職場復
帰・社会復帰についての問題も増えてきた。このことは、育児休暇中の人のみ
ならず、将来仕事に戻りたいと考えている専業主婦の人にとってもよい刺激を
与え、考えるきっかけとなっている。

⑵　課題と工夫

　自主グループが活動をスムーズに続けられるように、担当職員として既存グ
ループの話を聞く機会を設けたり、保育室利用者懇談会やグループ交流会など
を開催したりして、グループの横のつながりをつくることを大事にしている。
自主グループ活動を続けていくのは主に専業主婦であり、社会から取り残され
たという焦りを感じる人も少なくないからである。たくさんの人と意見交換や
情報交換をすることで「自分の将来をじっくり考えるきっかけになった」「考
えの幅をひろげることができた」「自信になった」という声も多く聞かれるよ
うになった。また、グループと公民館との共催事業を企画開催することで、学
習意欲を継続できるように支援をしている。

　一方で、仕事復帰のため自主グループに参加できない人もいる。地域とのつ
ながりが薄くならないように、仕事をしていても参加しやすい休日のグループ
活動の提案や公民館まつりなどの行事への参加を呼びかけている。

南波素子　国分寺市立公民館嘱託職員、保育付事業担当（2014年10月〜）。国分寺市立
公民館では5館全館の保育付事業担当者が情報を共有し、本事例報告も担当者会で協力
して作成した。東京都公民館連絡協議会保育事業研修会、相模原市、東大和市などでも
事例報告をしている。

事例2　ユースワークと生涯学習

1　青年教育から若者の生涯学習へ

　青年期への生涯学習としての取り組みは概して低調である。子ども期のように、大人の意思だけで、教育的な活動に参加させることができなくなることが最大の理由であるが、延長される青年期にいる者全体を若者と表現した場合、若者をめぐる社会的課題が"狭義の教育"だけでは対応できなくなっていることも背景にはある。例えば、「ニート」問題や「ひきこもり」問題、子どもや若者の貧困という問題が挙げられる。自発的・個別的な学習機会の提供にとどまらない、こうした個別課題への対応（ターゲットワーク）の力が問われることになる中で、そうした営みとの接続も踏まえた学びの空間づくりが、若者の生涯学習の新たな課題となっている。では、それはどのような形で具体化されるのだろう。

2　「居場所」と若者の地域参加

　京都市の青少年活動センター（以下、センター）では「若者の居場所づくりを支援する」ということが事業の柱の1つとして掲げられている。いくつかのセンターでは、ロビーの一角にカウンターがあり、カフェと銘打って安く飲み物や軽食を提供している。そこにスタッフ（以下で述べるユースワーカーやボランティア）が入って、若者たちとカウンター越しにやりとりする。

カフェ

「なあ、暇やねん。なんか（すること）ない？」
「なあ、聞いてぇな！」

　こんな声掛けをスタッフにしてくる中高生たちの中には、家に帰っても晩ご飯がない者もいる。カフェで出すサンドイッチや（時には）豚汁などを食べながら、センターが閉ま

るまでだべっていたりする。センターにおいて居場所は、安心できる他者との出会いのある場所、いることの意味を問われない場所だとしているが、そのための空間づくりをしていくことが、こうした若者を支える手がかりの1つになる。

一方で、何か自己表現の機会を求めてやってくる若者もいる。その中

若者の地域参加プログラム「チーム街スタ」

には、ダンスや演劇、音楽などの具体的な表現活動にそれを見出していく若者もいるが、「何かしたいんだけど」といった曖昧なニーズを抱えた若者も多い。

社会人になってセンターにやってきた若者の一人は、最初は「トレーニングがしたい」といってジムを利用していた。そのうちに、ワーカーから声をかけられて、センター事業のボランティアを始め、その後リーダー的な存在として活動していく。「会社とアパートの往復だけで日々が過ぎていくのが嫌で……運動不足を解消できたら」と訪れたセンターであったが、その当初の「ニーズ」から離れて、地元商店街の活性化に協力するチームに加わり、日頃出会わない大人たちやボランティア仲間と出会うことで、視野を広げていく。"曖昧な"ニーズを許容しながら、そこから潜在化した思いを引き出し、地域参加につなげていく関わりの1つの例である。

センターのような施設は、「来たい時に来て、来たくなければ来なくていい」オープンアクセスの場である。また、明確な目的を持って利用することも可能だが、そうでない若者にも開かれていることに意味がある。こうした事例のように、居場所を起点としながら地域に開かれた場づくりをしていくことで、若者は体験を通して学ぶ機会を得られるのだといえる。2000年代以降、新たに開設された青少年施設はこのような考えを取り入れたところが多い。

3　特定の課題の解決に向けた関わり

対象を絞った支援（ターゲットワーク）でも、個別的な心理サポートも交えながら、体験を通した学び直しが目指されることが多い。

学校の中で傷つき体験を重ねて自己肯定感を持てない若者が、少人数での簡単な作業体験で、「不安なのは自分だけだと思っていたけど、いっしょに作業

したＡさんも緊張していたのがわかって、ああそれって普通のことなんだと思えた」という発見を得て、就職活動に向かうことができるようになっていく。

　知識としての学びも重要だが、多くの学びはこうした「活動」の中に埋め込まれているので、それを引き出す働きかけの手法が重要となるのである。

4　ユースワークとユースワーカー

　これまで紹介した実践例の基盤となっている考え方は、ユースワークといわれるものである。ユースワークは、主にヨーロッパ圏で展開されてきた、若者への教育と福祉的な支援を統合した取り組みの総称と方法論である。その代表的な考え方は、イギリスの National Youth Agency によると「若者が楽しさと挑戦と学びを結びつけた非形式的な教育的活動を通して、自分自身や他者について、そして社会全体について学ぶことを手助けする」と表現される。不登校や、「子ども・若者の貧困」への対応におけるように、学校が問題の解消を単独で担えるものでもないゆえに、狭い意味の教育にとどまらないソーシャルワーク的な関わりとの連続性も視野に入れた、若者の成長支援の理念が求められる。ユースワークはその意味で注目される実践的な考え方といえる。

　このユースワークにおいて「中心的な役割を占める」のが専門スタッフとしてのユースワーカーの存在である。カリキュラムや活動プログラムが、若者の成長支援を自動的にするのではなく、若者と活動を媒介する存在が重要だということである。前述のようなユースワークの価値観を体現するためには、若者との関わりの場の状況にセンシティブであること、偏見無く常に若者の利益を基盤として考えられること、若者やグループと関わる具体的なスキルを開発していること、そして、多様で困難な社会現実についての知識基盤を更新し続ける態度が求められる。

　例えばこんなシーンがある。ある青少年施設のバスケットコートを若者が眺めていた。それを見たワーカーが、「時間あったら、中学生たちにバスケ教えたってくれへん？」と声をかけたが、あまり彼の反応はよくなかった。再度「遠慮しないで頼むわ」というと彼が返したのは、「僕、バスケできないんです」という言葉だった。その若者の姿から、長身の黒人の若者＝スポーツ能力が高いだろう、バスケも得意なはず！という思い込みによる誤解であった。

　ユースワーカーは、教師や社会教育職員より"ゆるい"枠組みの中で仕事をする。決まったカリキュラムをつくらない、指導者役割を極力採らないなど。

では、何を根拠として関わるのかといえば、ワーカーのパーソナリティそのものである。上記のエピソードのように、ワーカーの価値観が「偏見」を導くこともあるが、むしろそれを自覚することで若者に揺さぶられながら、同様に若者に影響を与えていくのである。そして、それが行われやすい「場」を構成しながら、活動プログラムを用いて、若者自身の力を借りながら（それを信頼しながら）働きかけていくことが、ユースワークとワーカーの動き方のベースとなるのである。

　若者の生涯学習の担い手を目指す人には、ユースワークの考え方を学んでほしい。1つの部屋に集まって「席に着いた」状態から始まる学習や、自発的に学びの場に集まる若者を相手にする方法だけでは、生涯学習の現代的課題に応えられない。学びの場にやってこない若者にこそ、機会が提供される必要があるし、若者の関心から出発しなければ、そもそも若者を学びの「席に着かせる」ことはできないからである。

水野篤夫　公益財団法人京都市ユースサービス協会シニアユースワーカー（2018年4月〜）。1979年から青少年活動施設運営に携わるとともに、ユースワーク及びユースワーカー養成の在り方について研究を続けている。

第2章 生涯学習者を育む学習支援

本章では、子どもの学習に焦点を当て、発達課題や学習課題を踏まえた学習支援の在り方や、社会生活が困難な子ども・若者の学習支援から、地域全体で生涯学習者を育む地域学校協働活動について考察する。

キーワード　発達課題、学習課題、社会的排除、子どもの権利、地域学校協働活動

1　主体性が育つ学習支援

　現代の日本では生涯学習社会が目指されており、生涯にわたり自らの人生をデザインすること、その主体性を育む学習支援、社会をつくる学習などが必要になってきた。そのような状況を踏まえ、学習者の発達課題や学習課題をいかに捉え、学習支援をするのか、子どもに焦点を当てて考えていく。

(1) 生涯にわたる発達

　生涯にわたる発達や発達課題について、多くの人が説いてきた。例えばロバート・ハヴィガースト（Havighurst, R. J.）の発達課題論、エリク・エリクソン（Erickson, E. H.）の心理社会的発達理論、カール・ユング（Jung, C. G.）やダニエル・レヴィンソン（Levinson, D. J.）のライフサイクル論、ドナルド・スーパー（Super, D. E.）の職業的発達段階論などがある。これらの理論は、子どもの頃のみならず成人期以降も生涯にわたり発達することや発達課題があることを説いており、エリクソンは死に向かっても成長すると考えていた。心理学の研究蓄積は、子どもの学習支援をする際にも生涯のプロセスとして発達を捉えることや、生涯学習者を育む意義を考える示唆に富む。

　文部科学省においても子どもの発達段階に応じた徳育・キャリア教育・体力向上プログラムなどの検討を行っている。例えば徳育やキャリア教育に関しては、発達心理学などの知見も踏まえ、発達の各段階で特に重視すべき発

表 2-1 発達段階ごとの発達課題

	徳育に関する発達課題	キャリア発達課題
乳幼児期	・愛着の形成 ・人に対する基本的信頼感の獲得 ・基本的な生活習慣の形成 ・十分な自己の発揮と他者の受容による自己肯定感の獲得 ・道徳性や社会性の芽生えとなる遊びなどを通じた子ども同士の体験活動の充実	記載なし
学童期	（小学校低学年） ・「人として、行ってはならないこと」についての知識と感性の涵養や、集団や社会のルールを守る態度など、善悪の判断や規範意識の基礎の形成 ・自然や美しいものに感動する心などの育成（情操の涵養） （小学校高学年） ・抽象的な思考の次元への適応や他者の視点に対する理解 ・自己肯定感の育成 ・自他の尊重の意識や他者への思いやりなどの涵養 ・集団における役割の自覚や主体的な責任意識の育成 ・体験活動の実施など実社会への興味・関心を持つきっかけづくり	（小学校） 進路の探索・選択にかかる基盤形成の時期 ・自己及び他者への積極的関心の形成・発展 ・身の回りの仕事や環境への関心・意欲の向上 ・夢や希望、憧れる自己のイメージの獲得 ・勤労を重んじ目標に向かって努力する態度の育成
青年前期	（中学校） ・人間としての生き方を踏まえ、自らの個性や適性を探求する経験を通して、自己を見つめ、自らの課題と正面から向き合い、自己の在り方を思考 ・社会の一員として他者と協力し、自立した生活を営む力の育成 ・法やきまりの意義の理解や公徳心の自覚	（中学校） 現実的探索と暫定的選択の時期 ・肯定的自己理解と自己有用感の獲得 ・興味・関心等に基づく勤労観・職業観の形成 ・進路計画の立案と暫定的選択 ・生き方や進路に関する現実的探索
青年中期	（高等学校） ・人間としての在り方生き方を踏まえ、自らの個性・適性を伸ばしつつ、生き方について考え、主体的な選択と進路の決定 ・他者の善意や支えへの感謝の気持ちとそれにこたえること ・社会の一員としての自覚を持った行動	（高等学校） 現実的探索・試行と社会的移行準備の時期 ・自己理解の深化と自己受容 ・選択基準としての勤労観、職業観の確立 ・将来設計の立案と社会的移行の準備 ・進路の現実吟味と試行的参加

子どもの徳育に関する懇談会『子どもの徳育の充実に向けた在り方について（報告）』2009 年の「子どもの発達段階ごとの特徴と重視すべき課題」と文部科学省『小学校キャリア教育の手引き〈改訂版〉』教育出版、2011 年、p.19 より作成

達課題を挙げている（**表 2-1**）。

　心理学に基づく理論や発達課題は、発達段階に応じた学習支援の必要性を考える示唆に富むが、現代の日本の状況を踏まえると、議論の余地もある。例えばハヴィガーストの発達課題論では、男女の性別役割分担意識を培うことも発達課題として挙げられているが、現代の日本においては、男女共同参画社会が目指されている。また、日本の子どもの生育環境なども踏まえた文部科学省の報告書でも、各時期の接続期の問題などで疑問が残る。

　ゆえに、発達課題論を参考に学習支援をするとしても、人を理論に適合させようとすることは適切ではない。子どもは日々の経験を通して視野を広げ、認識力を高め、身体的発達・情緒的発達・知的発達・社会性や主体性の発達などをする。心身ともに著しい成長段階にある子どもの学習を支援する際には、生涯のプロセスとして発達を捉え、第 1 章で見てきたように一人ひとりの個性の尊重を基本とし、発達心理学の研究の蓄積や子どもが育つ社会環境の変化などを総合的に考慮する必要がある。

(2) 現代的学習課題

　現代の子どもの学習課題を捉えるために、学校教育の動向を見てみよう。

　学校教育は学習指導要領（幼稚園は幼稚園教育要領）に基づいており、学習指導要領はおよそ 10 年に 1 度改定される。小学校は 2020 年度から、中学校は 2021 年度から、高等学校は 2022 年度から新学習指導要領になる。

　新学習指導要領では、「社会に開かれた教育課程」の実現が目指されており、実社会や生活で生きて働く「知識及び技能」の習得、未知の状況にも対応できる「思考力・判断力・表現力」、学びを人生や社会に生かそうとする「学びに向かう力、人間性」などをバランスよく育むために、「主体的・対話的で深い学び（アクティブ・ラーニング）」の視点から学習課程の改善が図られている。また、グローバル化の進展に対応する外国語教育、情報化や第 5 期科学技術基本計画で示された「Society5.0」を見据えたプログラミング教育、答えが 1 つではない課題でも主体的に考え議論する道徳教育などが小学校から行われるようになる。高校では選挙権年齢や成年年齢が 18 歳に引き下げられるのに伴い、主権者教育や消費者教育が行われるなど、社会の変化を見

据えた学習課題が措定されており、学ぶことと社会は切り離せない。

一方で、子どもは机上の学修のみで成長するわけではない。遊びなどの日常経験、旅行、大事な人やペットとの死別などの特別な経験、人間関係からも学んでいる。ピエール・ブルデュー（Bourdieu, P.）が、学歴などのみならず、楽器演奏力や美的センスなども人生を豊かにする文化資本になると説いていることも踏まえると、多様な経験を支援することが成長につながる。

(3) 子どもの権利

新学習指導要領では、学びを人生や社会で生かし、複雑な状況の中でも目的を再構築したり、考えが異なる人とも協働したり、新たな価値を創造する意欲や主体性を育むことが意図されている。それは「子どもの権利条約」にも通底する。「子どもの権利条約」と言われる「児童の権利に関する条約」は、1989年の国連総会で採択されたものであり、日本も1994年に批准した。

本条約によると、子どもには「生きる権利」「育つ権利」「守られる権利」「参加する権利」の4つの権利[1]がある。子どもは大人から守られるだけの弱い存在ではないので、「参加する権利」がある。例えば、「締結国は、自己の意見を形成する能力のある児童がその児童に影響を及ぼすすべての事項について自由に自己の意見を表明する権利を確保する」（第12条）と、また「児童は、表現の自由について権利を有する」（第13条）と記しており、子どもを権利主体と捉えている。子どもの年齢や発達段階を考慮する必要はあるが、「基本的人権は、人間であることに基づいて成立する権利であるがゆえに、子どもであっても人間としての権利を享有するのは当然」であり、「子どもを慈恵的な保護の対象・客体としてでなく、基本的人権を享有する主体として承認したうえで、すべての子どもに基本的人権を保障する具体的手だてを考える」[2]という近代人権思想に基づいているのである。

ジャン＝ジャック・ルソー（Rousseau, J. J.）の『エミール』（1762年）で説かれているように、子どもを未熟な「小さい大人」と捉えるのではなく、一人の人間として尊重し、自らの人生を選択・決定する主体へと「育てる」というよりも「育つ」支援をすることが、現代的学習課題や国際的動向を踏まえた学習支援と考えられる。

2 社会生活が困難な子ども・若者の学習支援

　主体性が育つ学習支援が目指されてきているものの、社会と関わりたくても関わることが難しい状況にある子ども・若者が増えている。2009 年に「子ども・若者育成支援推進法」が成立した背景には、若者の自立・児童虐待・いじめ・少年犯罪などの子どもや若者をめぐる問題の深刻化がある。

（1）社会的排除

　ヨーロッパ諸国では、1970 年代後半から、ニート・フリーター・ひきこもりのような、社会参加が困難な状況にある若者の問題を「社会的排除（social exclusion）」と捉え、そのような若者の「社会的包摂（social inclusion）」を意図する政策が展開されるようになった[3]。

　日本でも、居住・教育・保健・社会サービス・就労などで社会的周辺へと排除され、将来の展望を持てずに孤立し、生活基盤を獲得しにくい状況にあ

表 2-2　社会的排除に至る潜在リスク

時期	潜在リスク	リスクの具体的内容	備考
子ども期	本人の障害	本人の生まれ持った障害（発達障害、知的障害など）	複数のリスクが併発
	出身家庭の環境	出身家庭の貧困、ひとり親や親のいない世帯、児童虐待・家庭内暴力（不適切な養育含む）・親の精神疾患（依存症含む）・知的障害、親の自殺、親からの分離、早すぎる離家	
	教育関係	いじめ、不登校・ひきこもり、学校中退、低学歴（中卒）、学齢期の疾患（精神疾患含む）	
成人期	本人の疾病・障害	本人の精神疾患（依存症含む）	
	職場環境	初職の挫折、リストラ・解雇・倒産、職場における人間関係トラブル（いじめ、虐待など）、劣悪な労働環境、不安定就労（頻繁な転職）、風俗関連産業	
	生活環境	援助交際	
	家庭環境	若年妊娠・シングル・マザー、結婚の失敗・配偶者からの DV、親（実家）との断絶（帰れる家の欠如）、住居不安定、借金	

内閣府社会的排除リスク調査チーム「社会的排除にいたるプロセス」2012 年、pp. vi-vii より作成

る人々に関する研究が進んでいる。例えば、内閣府では社会的排除リスク調査チームを立ち上げ、社会的排除に至るプロセスや、複数のリスクが併発する（リスクが単一に発生することは稀）ことを明らかにした（**表 2-2**）。

（2）社会的包摂

　同調査チームは、「ホームレスや薬物・アルコール依存症、自殺、若年シングル・マザーなどの問題は、それぞれ独自の社会問題として捉えてきたが、これらはすべて社会的排除という一つの社会問題として捉えることができる」[4]と説き、社会的包摂の方向性も示している（**表 2-3**）。

表 2-3　社会的包摂の方向性

1．生まれつきの本人の持つ「生きづらさ」から排除へとつながるケース 　　早期発見、親への働きかけ、適切なプログラムと実施機関の普及、成人期の支援
2．家庭環境の様々な問題から排除へとつながるケース 　　子どもへの直接支援、子どもが相談しやすい環境の整備、子どもと接する大人（援助者） 　　への教育・支援、保護者への支援、成人してからの「帰る場所」の提供
3．学校や職場などの劣悪な環境が排除へと促すケース 　　スタートラインとしての教育現場、地域の企業・自治体との連携（人・ネットワーク）、 　　雇用の改善、職の保障（創出）、フォローアップ・サポート

内閣府社会的排除リスク調査チーム「社会的排除にいたるプロセス」2012 年、p. vii より作成

　学習支援の立場で社会的包摂を意図する研究も蓄積されてきた。『社会的困難を生きる若者と学習支援』（2016 年）では、「学習者である若者自身の日々の暮らしや思い、関心、意欲、主体性等が最大限に尊重されなければならない」と説き、支援の実践を貫く「芯」として次の 3 点を挙げている[5]。

　　1．「若者が安心できる居場所」の構築や若者との「人間関係」、「つながり」の形成。
　　2．若者自身のおかれている状況やその思い、興味、関心の尊重。
　　3．若者自身の意欲や主体性を育む。

　同書では、この 3 点を絡ませた学習支援の必要性を多くの実践事例に基づき説いている。このような学習支援の視点は、**事例 2** のユースワークにもつ

ながる考え方である。

(3) 子どもを支える学習支援者

　子どもたちをめぐる課題を考えると、子どもが安心していられる場（場所と機会）、子どもの想いを受け止められる人が不可欠であり、そのような場や人を育むこと、場や人をつなぐことが学習支援者の役割である。また、ユースワーク、カウンセリング、ソーシャルワーク、教育などの専門性を持つ機関や専門家との連携も必要である。専門機関や専門家につなぐためにも、学習支援者には子どものサインを捉え、課題の早期発見や改善に資することが期待される。子どもは困った時や辛い時などにサインを出しているからである（**表2-4**）。

　臨床心理の研究に基づくと、サインがないように見えても、「サインがないことがサイン」と捉えられる。また、「たとえばいじめの加害者、万引きや喫煙飲酒、非行などをする子どもたちを一括して問題児と呼ぶことは、あまり適切でない」のであり、「それらの行動は現実的に問題行動であったとしても、子どものこころのサインであり、サインが出てくるということは、こころに何かがある」[6]と考えられる。学習支援者は、一人ひとりをかけがえのない存在と肯定的に受容し、共感的理解に努め、サインを捉えようとする安定した自己一致の状態でいることが大事であり、そのような姿勢をカウンセリングマインドという。

表2-4　サインの分類

身体的サイン	顔色の変化、痩せる／太る、声の調子、痛みを訴える　など
情緒的サイン	喜怒哀楽が激しくなる／なくなる、すぐに泣く、笑わない、よく笑う、怒りっぽい、落ち込んでいる、高揚する、興奮しやすい、我慢できにくい、一人になるのを嫌がる　など
行動的サイン	話さなくなる、人を避ける、暴力的になる、言葉づかいが変る、だるそうになる、服装や外見が変化する、学校を休むようになる、面談などをキャンセルする／無断で休む、リストカット、大量服薬　など
表現のサイン	作品、作文、答案、絵日記、遊び　など

原田眞理『子どものこころ、大人のこころ』ナカニシヤ出版、2018年、p.6

3　子どもとともにつくる社会

　では、生涯のプロセスとして発達を捉え、一人ひとりの個性を尊重し、自らの人生を選択・決定する主体へと育つように、どのような学習支援をデザインできるのか、事例から考えてみよう。

(1)　子どもの社会参加

　事例3では、「こども会議」で子どもと大人のサポーターが世代を超えて交流し、実際のまちのようにトコトコタウンをつくっていく。このような活動を試行錯誤することで、子どもの個性や主体性が育まれるとともに、社会の仕組みや協働の仕方などの社会で生きる力量を培っていると考えられる。

　子ども会議は各地で開催されている。全国初の子どもの権利に関する条例を制定した川崎市では、条例の第30条（子ども会議）に基づき、毎年3月に子ども会議の代表が会議結果を市長に報告し、実社会に結びつけている。

　本条例や子ども会議の意義は、その制定プロセスのエピソードに読み取れる。制定する際に、子ども委員の一人が立ち上がり「おとな委員の皆さんは、わたしたち子ども委員が意見を出すと、いつも聞いてあげよう、意見を尊重してあげよう、という姿勢になる。そういう姿勢、態度はやめてください。私たちも発言には責任を持ちますから、もし疑問や意見があれば遠慮しないで、きちんと反論してください」[7]と発言したそうである。そして、川崎市子どもの権利条例の前文（4段落目）に、次の文言が入った。

　　　子どもは、大人とともに社会を構成するパートナーである。子どもは、現在の社会の一員として、また、未来の社会の担い手として、社会の在り方や形成にかかわる固有の役割があるとともに、そこに参加する権利がある。そのためにも社会は、子どもに開かれる。

　社会教育学者の宮原誠一は、「良い社会でなければ良い教育はできないが、良い社会をつくることは教育の力にまたなければならない。この悪循環をど

こで断ち切るのか。それはつぎの1点で断ち切るほかはない。すなわち社会改造に教育を参加させることである。教師と、両親と、子どもたちとが、力を合わせて社会をよくするように努力することである」[8]と説いている。子どもの生育環境が大人の予想を超えて変化している中、子どもを社会の客体とするのではなく、子どもを大人のパートナーとして尊重し、不確実なものを受け入れ、正解を見出しにくい課題にも能動的・協働的に取り組む主体へと育つ場を創出することが、子どもの成長を促すのみならず、よりよい社会を築くことにもつながるのである。

しかしながら**事例3**の文末にも書かれているように、子どもとともに学び合う活動の場の創出や運営に関わる人が減っている。地域社会のつながりや支え合いが希薄化しているのである。逆に言うと、社会教育の観点から子どもも大人も学び合い育ち合う仕組みや場を創出することが、子どもの教育のみならず、地域づくりにもつながるのである。

(2) 地域学校協働活動

2015年12月に取りまとめられた中央教育審議会答申「新しい時代の教育や地方創生の実現に向けた学校と地域の連携・協働の在り方と今後の推進方策について」では、地域と学校の在り方の方向性として、「地域とともにある学校」「子供も大人も学び合い育ち合う教育体制の構築」「学校を核とした地域づくりの推進」が示され、「地域学校協働活動」の推進が提言された。

地域学校協働活動とは、子どもに育みたい資質を地域社会と学校が共有し、協働して地域全体で未来を担う子どもの成長を支える活動の総称である。その詳細は、社会教育経営論[9]で学ぶことになるが、地域の人々が学校教育や子どもの地域学習を支援し、取って付けたように行われる伝承活動に子どもが参加するだけでは、本来の地域学校協働活動や地域づくりにはならない。

地域の高齢者・保護者・PTA・NPO・民間企業・団体などの幅広い地域住民が連携・協働するためには、それぞれの価値観・課題意識・都合などを共有し、共感できることや違いを生かしながら新たな価値を創出する主体的・対話的で深い学び合いが大人にも必要である。そのためには、社会教育が培ってきた知見や第3章で学ぶ成人教育の視点でファシリテーションやコ

28 第1部 生涯学習の新たな展開

ーディネートする人が不可欠である。参加者同士が学び合う場を創出し、試行錯誤のプロセスを共有する人間関係づくりをすることが、地域の教育力を高めるとともに、地方創生にも資することを意識し、単なるイベントで終わらない、学び合える場のデザインと実施が学習支援者に期待される。

注

1）ユニセフ「子どもの権利条約」https://www.unicef.or.jp/about_unicef/about_rig.html（アクセス：2019.5.20）
2）日本弁護士連合会子どもの権利委員会編著『子どもの権利ガイドブック』（第2版）、明石書店、2017年、p. 13。
3）宮本みち子「若者の社会的排除と社会参画政策―EUの若者政策から」（pp. 144-158）、日本社会教育学会編『社会的排除と社会教育』東洋館出版社、2006年、pp. 144-158。
4）内閣府社会的排除リスク調査チーム「社会的排除にいたるプロセス」2012年、p. vii。
5）岩槻知也編著『社会的困難を生きる若者と学習支援』明石書店、2016年、pp. 269-272。
6）原田眞理『子どものこころ、大人のこころ』ナカニシヤ出版、2018年、p. 8。
7）喜多明人「川崎市子どもの権利条例とかわさきの学校」（pp. 25-29）、川崎教育文化研究所『形成』（28号）、2019年、pp. 25-26。
8）宮原誠一「教師と国民文化」『宮原誠一教育論集』第5巻、国土社、1977年、p. 92。
9）田中雅文・中村香編著『社会教育経営のフロンティア』玉川大学出版部、2019年を参照。

確認問題

(1) 発達課題と現代的学習課題を踏まえ、学習支援者が考慮することは何か。
(2) 学習支援者として、社会的排除について学ぶ必要があるのはなぜか。
(3) 地域学校協働活動とは何か。また、学習支援者の役割は何か。

より深く学習するための参考文献や資料

• 宇津木奈美子『教科学習支援における母語支援者の当事者性獲得』風間書房、2018年（**事例4**で紹介されている学習支援を行った母語支援者が、支援を通していかに学んでいったか、その詳細が示されている）。

第2章　生涯学習者を育む学習支援　｜　29

事例3　未来にはばたけ子どもたち「所沢こどもルネサンス」

1　発展の経緯と事業の目的

　1989年、文化庁主催の国民文化祭に参加したことをきっかけに、翌年から毎年、「ところざわ児童文化祭」が開催されるようになった。1994年からは「所沢こどもルネサンス」の名称となり、2009年には9つのプログラムを行う現在のスタイルとなる。様々な体験活動を通して子どもたちの心を豊かに育み、子どもたちにとって明るい未来を開くことを目的とし、市民ボランティアによる実行委員会が主催者となり開催している。2018年度の実施プログラムは次ページのチラシのとおりである。

　子どもたちに豊かな文化のたねを届け、そのたねが芽を出し、枝を伸ばし、やがて大きな木となって、たわわな実を結ぶよう、子どもたちと一緒に本事業を育てていきたい。

2　トコトコタウン

　9つのプログラムの中から、「トコトコタウン」について取り上げる。

　このプログラムはルネサンス事業の中で最も長い準備期間を要し、関わる人が多い（12月より打ち合わせを開始、8月に実施。当日の参加者を含めると、参加人数はのべ1,500人にもなる）。

　子どもたちが主体となり、面白さや楽しさを追求する。思いきり主体性と想像力を発揮して「こどもがつくるこどものまち」を創造するところに、トコトコタウンの醍醐味がある。

　事前に行う「お仕事講座」（店の運営、当日販売する物の作成、技術の習得など）や「こども会議」（子ども議員によるまち全体の運営）で大人のサポーターと話し合う体験をしたりしながらリーダーとなり、当日の「まち」や「店」の運営を行う。1つの目的に向かうことで世代間の交流や仲間とのつながりが深まっていく。

　トコトコタウン当日は、サポーター以外の大人は入場できない。初めて来た子どもたちも「まち」に入るとその仕組みにならって生活をする。「市役所」で

30　第1部　生涯学習の新たな展開

あかさたな 第29回 所沢こどもルネサンス

未来にはばたけ子どもたち

所沢の子どもたちに、ゆたかな文化のたねをとどけたい…
そのたねが芽を出し、枝をのばし、やがて大きな木と
なって、たわわな実を結ぶよう、子どもたちといっしょに
育てていきたい！

★子どもたちが参加して創る文化祭★

今年度の所沢こどもルネサンス活動

平成30年4月～平成31年3月

プログラム	日 程	場 所
あかさたな人形劇教室	7月25日（水）～27日（金）	小手指公民館分館
トコトコタウンX	8月2日（木）・3日（金）	小手指公民館（本館）
クリエイティブ・ドラマのワークショップ	8月24日（金）～26日（日） 12月22日（土）・23日（日） 平成31年3月16日（土）・17日（日）	新所沢公民館 小手指公民館分館 中央公民館
こども文学のひろば	9月7日（金）締め切り	
まんが・イラストコンクール	9月7日（金）締め切り 作品展 11月8日（木）～12日（月）	所沢駅東口 市民ギャラリー
所沢ベーゴマ教室・大会	教室…10月27日（土） 大会…10月28日（日）	所沢航空記念公園
あかさたな音楽祭	12月1日（土） 開演：13時30分	ミューズアークホール （大ホール）
おはなしのひろば	平成31年2月17日（日）	富岡公民館
表彰式　・こども文学のひろば 　　　　・まんが・イラストコンクール	平成31年3月3日（日）	松井公民館

※それぞれの企画の詳細は、そのつどチラシでお知らせします。

実行委員・スタッフ募集中！！
◇こどもルネサンス全体を考え進行していく実行委員
◇たずさわりたい催しを企画・運営するスタッフ
◇記録、広報など得意な分野を生かした協力スタッフ
～中学生・高校生・大学生のスタッフも大歓迎です～

主　催　所沢こどもルネサンス実行委員会

問い合わせ　所沢市教育委員会
　　　　　　　社会教育課

2018年度のプログラムのチラシ

ネイルサロン　　　　　　　　　　　写真館

　手続きをし、リーダーの説明を受け「まち」に入る。「ハローワーク」で仕事をさがし、思い思いに就職する。リーダーが仕事をしに来た子どもに仕事を教え、働いてもらい、給料（スタンプ）を支払う。「銀行」でタウン（オリジナル紙幣）にし、「税務署」で税金を払う。稼いだお金で「ゲームセンター」で遊び、「ショッピングモール」で買い、「カフェ」で食べる。さらに働いてお金を稼ぐ……というように自分たちで工夫をし、「まち」での生活を楽しんでいく。
　2日間を終えた各所のリーダーたちは、たくさんの人たちと関わりながら、よりリーダーらしく、自信を持っているように感じられた。遊びの中からも、しっかりとした学びが得られる貴重な体験ではないだろうか。前述の「お仕事講座」や「こども会議」の数を重ねて行うことにより、大人のサポーターとの信頼が生まれ、友人もできるので、リピーターも多い。

3　今後に向けて

(1) 成果……その裏側から見えてくること

　2018年度で第29回を迎えた。当実行委員会は、立ち上げの時から子どもに関わる活動をしていた有志の市民により構成され、プログラムが増えるとそこでまた人が人を呼び、プログラムごとの実行委員会も形成されている。
　ここまで続いている背景には、所沢市教育委員会の後援がある。特に安定的に補助金があること、社会教育課が窓口になっていることは、実行委員にとって何よりもありがたい。また、学校には案内チラシの配布や作品のとりまとめなどの協力をしてもらっている。さらに、各公民館には会場・物資の提供もしてもらっている。これらの支援により、安心して安定した活動を行える土台が支えられているといえる。

⑵ **課題、将来に向けて**

　学校以外の子どもの居場所も、文化活動も、個人的にお金をかければいくら
でも得ることはできる。また誰とも会わずにインターネットを見て過ごし、知
りたい情報を得ることもできる。しかし、平等に情報を提供し、誰でも参加で
きることを、という市の思いと実行委員会の思いが合致し、ルネサンス事業が
ある。重ねて人と人とのふれあい、体験活動の重要性もある。私たちの掲げる
スローガン、「子どもたちに、ゆたかな文化のたねをとどけたい」という思い
がどのプログラムの根本にもあり、「みんなおいでよ！　一緒に育つ。楽しも
う！」という気持ちでいる。

　作品に触れたり、頑張ったりしている姿、笑顔は何よりの報酬である。そし
て１つのものをつくり上げる達成感、充実感は何物にもかえがたい。年間を通
してプログラムを行い、実行委員の会議を行うので時間的に厳しいこともある
が、我々大人のチームワークは強くなっているように思う。それに加え、近年
は大学生のボランティアサークルや各プロジェクト経験のある卒業生（中学生
～大学生）が「懐かしくて」「何か手伝いたくて」と参加をしてくれる。事業そ
のものがつながっていると実感でき、何より大きなエネルギーを感じる。子ど
もにとってもお兄さん、お姉さんのような存在なので、とてもうれしそうにし
ている。このような輪が続いていくことは、まさに大きな実りといえるのだろ
う。

　だが現実に運営に関わる人材確保は難しい。私たちが活動を楽しんでいるこ
と、子どもたちの素晴らしさを伝えていくことが、仲間づくりにつながること
を願う。

三原由紀子　所沢こどもルネサンス実行委員会会長。所沢市公民館運営審議会会長、新
所沢まちづくり協議会会長、所沢市立北小学校・向陽中学校元PTA会長および同校学校
評議員。

事例4　外国につながる子どもたちと学習支援

1　外国につながる子どもの状況

　グローバル化により、日本における在留外国人数は273万1,093人に上り、過去最高となった（2018年末法務省調べ）。特に、バブル経済の空前の人手不足を背景に、1990年に「出入国管理及び難民認定法」が改正され、日系人の定住及び就労が許可されて以来、日系ブラジル人や日系ペルー人の増加が顕著となっている。

　親の就労などに伴い来日する子どもも増加しており、その多くが日本語を全くわからないまま日本の公立学校に編入している。文部科学省の「『日本語指導が必要な児童生徒の受入状況等に関する調査（平成28年度）』の結果について」によると、公立の小・中・高等学校などで日本語指導が必要な外国籍の児童生徒（以下、子どもとする）は3万4,335人で、この調査が始まった1991年以来、最も多い人数となっている。

　母語別の内訳では、ポルトガル語を母語とする子ども（主にブラジル人）が8,779人（25.6%）と最も多い。次いで、中国語が8,204人（23.9%）、フィリピノ語が6,283人（18.3%）、スペイン語（主にペルー人）が3,600人（10.5%）で、これらの4言語で全体の約8割を占めている。しかし、この統計では、不就学と言われる子どもたちの存在は掬い取られていない。日本では日本国籍を持たない子どもを義務教育の対象とはしていないことから、潜在的に不就学の子どもたちが存在している。

　次に、日本語指導が必要な外国籍の子どもの在籍人数を1校当たりでみていく。「1人」だけ在籍しているという学校が2,851校で、全体（7,020校）の40.6%を占めている。一方で、愛知県、神奈川県、静岡県などを中心に「30人以上」の子どもが在籍する学校が191校に上り、「分散と集中の二極化」が特徴となっている。

　このような状況を受けて、国や自治体では、担当教員の配置や研修、支援センターの設置、就学に関するガイドブック作成・配布などの施策が講じられている。しかし、先にも述べたように、「分散と集中の二極化」の状況では、自治体の施策に差がみられ、少数在籍校の場合は、教員の配置や日本語指導が不十

34　第1部　生涯学習の新たな展開

分な状況となっている。

　学校における指導は、「日本語指導」から「教科指導」へと段階的に移行する形態がとられている。まず、編入したばかりの子どもを対象に、母国にはない学校文化や習慣（給食、掃除、時間割など）への適応指導や日常生活で最小限必要な日本語指導（挨拶や自己紹介など）を行う。日本語での意思疎通ができるようになってからは、教科学習で必要な語彙の指導や、読解、作文指導などが行われる。このような段階的な「日本語指導」を経て、「教科指導」が行われる。しかし、その移行は決して容易なものではない。なぜなら、休み時間に友達とおしゃべりをするなどの生活に必要な日本語力は１～２年で習得されるが、国語などの教科で、主人公の心情について述べたり、社会的なテーマをめぐって意見を述べ、それを作文に書いたりするなど教科学習で必要となる日本語力の習得には５年以上必要だとされているからである。子どもは、学習に必要な日本語力が育成されるまで、教科学習に参加できない状況が続くことになり、その結果、学年相応の認知的な発達が一次的に中断されるという事態が起こってしまう。

　このように、日本語を指導するだけでは問題が解決しないことから、子どもの母語活用に目が向けられるようになってきている。次節では、地域の母語支援者が参加した学習支援の例について述べる。

2　中学国語の教科書の翻訳支援

　筆者は日本語を母語としない子どもの教科学習支援を行う「NPO 法人子どもLAMP」に所属し、2004 年から現在まで支援活動を行っている。この活動は、子どもの母語を保持育成しながら日本語を学び、教科の内容の理解を可能にしようとする支援であり、神奈川県の公立中学の国際教室で行われている。

⑴　母語支援

　母語支援では、子どもと同じ母語の支援者が翻訳教材を使用しながら、対面で国語の学習支援を行う。支援には、メキシコ人の子どもとブラジル人の子どもが参加していたため、スペイン語版とポルトガル語版の教材翻訳が必要となり、その翻訳を地域在住のペルー人支援者のＡとブラジル人支援者のＢが行った。Ａは 2000 年に来日し、翻訳支援を行っていた当時（2006 年 9 月～2007 年 11月）は、包装機械を製造する工場に勤務していた。日本語学校へ通う機会を得、

日本語能力試験2級を取得した。一方、Bは1995年に来日し、来日直後は電線を製造する工場に勤務した。その後、教会の牧師である男性と結婚し、翻訳支援を行っていた当時（2006年10月～2007年2月）は教会に勤務していた。日本語能力試験は未受験であったが、筆者の印象では、日常的な会話のやりとりは可能であった。2人とも筆者とのEメールのやりとりはローマ字で行うことが多く、日本語の読み書きに多少の困難がみられた。翻訳支援を始めた当初は日本人が翻訳したスペイン語やポルトガル語のネイティブチェックやワークシートの短い設問の翻訳を担っていたが、次第に教材文の翻訳そのものを引き受け、翻訳の役割を拡大していった。

⑵　翻訳支援者の意識の変容

　翻訳支援を行ったAとBにインタビューをしたところ、2人とも中学国語の教材文翻訳を始める前は、日本語力の問題から「（翻訳が）できるかな」という不安を持っていた。それにもかかわらず、翻訳支援を行ったのは、2人のきょうだいや親戚の子どもが日本語がわからなかったために授業についていけず、また、いじめを受けて不登校になるという経験をしていたからである。同じような困難を抱える子どもたちを助けたいという気持ちが翻訳支援の原動力となっていた。インタビューでは「もし学校に行けるチャンスがあったら学校に行ったほうがいい」「子どもの時に勉強する機会がなければ、大人になってから仕事のチャンスをもらえない」と述べ、不就学、不登校の状況で学校に行けない子どもを想定して翻訳支援を行っていたことがうかがわれる。

　AとBは、翻訳を進めるうちに、その作業自体が自らの日本語の学習になること、また、同時に教材文を通して、日本人の習慣、歴史、考え方の理解ができることがうれしいと述べていた。さらに、Bが『走れメロス』の翻訳をふり返り、「子どもに『教え』がありますね」と述べ、翻訳でそれを子どもに伝えるという責任の重さについても言及していた。

⑶　翻訳支援者へのサポート

　次に、AとBに対して筆者が行ったサポートについて述べる。二人とも、非漢字圏出身だったため、まず、漢字にフリガナをふった。文化の違いからわからないと思われる単語（「お月見」「道祖神」「お灸」「大八車」など）に写真や解説を加えた。また、翻訳教材を使用して直接支援を行っている支援者や子どもか

36 ｜ 第1部　生涯学習の新たな展開

らの翻訳の評価や感想を伝えた。子どもからは「スペイン語の翻訳を読んで、自分は初めて本当のこと（テキストの内容）を、全部知ることができた。会ったこともない自分を手伝ってくれてありがとう」という感謝の言葉を述べられていた。

このように、翻訳した教材文が中学校の授業で十分に機能し、子どもに貢献できる存在として認められているのだという実感が、AとBの達成感につながっていたことがうかがわれた。そして、この達成感が次回の翻訳支援への意欲につながり、支援当初の不安が消え、継続的な支援が可能となっていた。

3　支援者支援で広がる外国につながる子どもの学習支援

本事例では、日本語力の問題があるとされる外国人の支援者であっても、適切なサポートを受けることで、子どもの教育に十分関われる当事者として、教科支援への参加が可能となることが示唆された。

地域の外国人支援者を支援する場合、最初からすべてを任せるのではなく、できることから少しずつ始めることが重要だといえる。本事例でも、まずは、ワークシートの短文の翻訳から始め、要約文翻訳を経て、教材文全文翻訳をするようになった。

地域には多様な言語や文化背景を持つ外国人が多いことから、今後は、さらに、支援者の属性を広げて検討していく必要がある。

宇津木奈美子　帝京大学帝京スタディアブロードセンター日本語予備教育課程准教授（2011 年 4 月～）。2004 年より NPO 法人子ども LAMP にて活動。

第1部のおわりに

第1部に載っている事例は、幼い子を育てる親の学習活動（**事例1**）、若者の居場所を提供するユースワーク（**事例2**）、子どもがつくるトコトコタウン（**事例3**）、外国につながる子どもの学習支援（**事例4**）の4つである。一見すると全く異なる活動のようだが、生涯学習や学習支援の在り方を考える示唆に富むとともに、共通点がある。

4つの事例では、親・若者・子ども・外国人が、子育てに関すること・地域参加・子どものまちづくり・教科書の翻訳という活動を通して学び合っている。学校教育においても個性を尊重した学修支援が必要であるが、社会教育においては違いから学び合うことが前提である。

また、**事例1**からは幼い子がいる親が孤立しやすい社会構造の問題・人権意識・社会的慣習・差別などの社会問題、**事例2**からは若者が安心して他者と出会える居場所や自己表現の機会がなくなってきていること、**事例3**からは地域社会のつながりや支え合いが希薄化し、子どもの主体的な経験を支える地域の教育力を発揮し難くなってきていること、**事例4**からはグローバル化に伴い外国人が増えているのに、その人たちの学習権が保障されているとは言い難い状況であることなど、地域には課題が山積していることを考えさせられる。

地域社会に山積する課題解決の一助となっているのが、本書の事例として紹介されている取り組みである。どの事例においても、「教える」というよりも、人の可能性を信じ、学び合う場・潜在能力が引き出される活動の場を創出し、安心できる人間関係や経験から学習者自身が社会の中で主体性を獲得するプロセスを支援している。特に**事例4**においては、翻訳に取り組んだ人や翻訳された手作り教材から学ぶ生徒の状況や想いなども考えると、学修支援の必要性について、改めて考えさせられる。社会教育主事として社会教育行政に携わる人のみならず、社会教育について学修した人が「社会教育士」として、行政内の様々なセクション、地域学校協働活動推進員、NPOや企業など、地域社会の幅広い分野で人々の学び合いを創出する主体となることが期待される。

第 2 部　成人の学習を培う

　日本では成人の年齢を引き下げる制度改革が進んでいる。2018 年に「民法の一部を改正する法律（成年年齢関係）について」が成立し、2022 年から施行されると、現在では 20 歳である成年年齢が 18 歳となる（結婚できる年齢については、現在は男性 18 歳以上女性 16 歳であるが、女性を 18 歳に引き上げる）。選挙年齢に関しては 2016 年に 20 歳から 18 歳に引き下げている。

　上記のように、高校生にあたる年齢の人も成人と見なされるようになってきている。しかし第 2 部では、おもに学校教育を終えた後の成人の学習とその支援について、自己実現と社会実現の観点から学習していく。現代社会は「人生 100 年時代」と言われており、社会的課題が複雑化している。そのため、学習者としての成人の多様性を尊重した学び合いによる学習が、重要になる側面があると考える。そこで、第 3 章では成人教育理論の 1 つであるアンドラゴジーを手がかりに学習を進める。第 4 章では成人の学習者の中でも高齢者とされる人に着目し、生涯学習社会を志向した学習とその支援について考えていく。

　なお、成人が学校以外の場所や機会で、どのような学習をしているかについてイメージがわきにくいという場合は、本書の事例を読んでみることから始めてみてほしい。第 2 部に掲載された 4 つの事例はもちろんのこと、その他の事例についても、イメージを持つことに貢献してくれるであろう。

地域の生涯学習施設で熟年世代と若い世代で防災マップをつくる

第3章 成人の学習を支える考え方

本章では、まず成人の学習者の特性を踏まえた学習援助論であるアンドラゴジーに関し、成立の背景を押さえるとともに、ノールズとリンデマンのそれぞれが示した内容を確認する。次に社会教育に見る成人の学習の要素を確認しつつ、アンドラゴジーの内容と照らし合わせて考察する。最後に、社会構造と成人の学習に関して理解を深める。

キーワード　学習者主体、生活に根ざした学習、学びから学び合いへ、社会構造

1　1つの理論としてのアンドラゴジー

　1965年にラングランが生涯教育の理念を提唱したが、日本では大正時代に生涯教育の発想が見られていた。自由大学運動を援助した土田杏村は「自由大学とは何か」（1924年）で、自由大学を「労働する社会人が、社会的創造へと協同して個性的に参画し得るために、終生的に、自学的に学ぶことの出来る、社会的、自治的の社会教育設備」と述べた。当時の学校制度については、自由大学の理想とはかけ離れているとした。以上からは、「労働する社会人」である成人に対する、教育の目的や在り方が読み取れる。

　社会教育主事の任用資格を取りたい人や、大学で生涯学習を学びたい人に向けて書かれた生涯学習の本では、成人の学習者の特性を踏まえた学習援助論として、アメリカの成人教育研究者マルカム・ノールズ（Knowles, M. S.）のアンドラゴジー（andragogy）が紹介されていることが多い。アンドラゴジーの用語は19世紀にヨーロッパに登場し、「子どもの教育学」であるペダゴジー（pedagogy）との対比で発展した。ペダゴジーは、子どもに主に読み書きの技能を教えることに端を発しており、教育を「知識伝達のプロセス」とする。ヨーロッパのアンドラゴジーは「教育原論的」であるが、アメリカのものは「原論から方法論、内容論まで」を扱ったものとなっている[1]。アメ

40　第2部　成人の学習を培う

リカでは 1920 年代にエデュアード・リンデマン（Lindeman, E. C.）がアンドラゴジーの用語を紹介し、1950 年代からノールズが理論としての体系化に取り組んでいった。

表3-1　ノールズのアンドラゴジーに見る成人の学習者に関する考え方

①	知る必要性	成人は何かを学びはじめるまえに、なぜそれを学ばなければならないのかを知る必要がある。
②	学習者の自己概念	成人は自分自身の決定や生活に対して責任をもつという自己概念を有する。しかし、教育や訓練の場では、過去の学校経験に戻ってしまい、教育者に依存的になる。
③	学習者の経験の役割	成人は多くの異なった種類の経験を蓄積しており、成人教育に影響を与える（個人差が大きい、経験を学習資源として活用する、新しいものの見方に開かれていない、経験から自己アイデンティティを引き出す）。
④	学習へのレディネス	成人は実生活の状況にうまく対処するために、知る必要性やできる必要性があるものごとを学ぼうとする。
⑤	学習への方向づけ	成人は学習への方向づけにおいて、教科中心的ではなく、生活（課題または問題）中心的である。
⑥	動機づけ	成人は一部の外的な動機づけ要因（仕事、昇進、給料など）には反応しやすいが、最も有力な動機づけ要因は内的なもの（満足いく仕事への欲求、自尊心、生活の質など）である。

M. ノールズ『成人学習者とは何か』鳳書房、2013 年、pp. 71-77 を基に作成

　ノールズのアンドラゴジーに見る成人の学習者に関する考え方をまとめたものが、**表3-1** である。①知る必要性、②学習者の自己概念、③学習者の経験の役割、④学習へのレディネス、⑤学習への方向づけ、⑥動機づけという6 つの観点で述べられている。

　当初ノールズは、子どもにはペダゴジーで成人にはアンドラゴジーと見なしていた。しかし、アンドラゴジーの考え方で青少年に教育を行った教師たちの報告を受けて、アンドラゴジーとペダゴジーを「1 つのスペクトルの両端」と見るようになる。つまり、学習者の年齢に関わらず、状況に応じてアンドラゴジーとペダゴジーを用いていくことを示していると言える。

　一方リンデマンは、成人教育の特徴として次ページの 4 つを挙げている[2]。

①教育は生活である

　教育は未来の未知なる生活に向けての準備ではないし、青少年期に限定するものではない。生活のすべてが学習であり、教育には終わりがない。これを成人教育と呼ぶが、「成人性」や「成熟」により範囲が限定される。

②成人教育は、非職業的な性格をもつ

　労働が分化されかつ専門家主義の時代における職業教育は、専門分化した技術や内容を得るものになっている傾向がある。そうした職業教育は、成人教育の目的である「生活のすべてを意味づけること」につながらないため、職業教育が終了したところから成人教育は始まるのである。

③成人教育は、状況を経由するものであって、教科を経由するものではない

　伝統的な教育では、教科を学ぶ、教師が教えるとされており、生徒は自らをそれらに合わせていくことが求められた。しかし成人教育は、学習者のニーズと関心を基におこなわれていくものである。仕事、余暇活動、家庭生活、地域生活などといった、成人が置かれている特定の状況から始まる。「成人に対する教師は、生活の実際的経験がどのようにして教科を活気づかせるかということを学ぶ必要がある」のである。

④成人教育の資源は、学習者の経験に求められる

　自分のなすことや直面することへの理解を深めると、生活は合理的で意味のあるものになる。経験は「成人学習者の生きたテキストブック」である。

　ノールズもリンデマンも、多くの社会経験・労働経験を経ている。彼らによるアンドラゴジーは、ともに先の経験が糧になったものであると言われており、内容に重なりが見られるところもある。他方で、ノールズは成人教育に職業教育も含めているが、リンデマンは含めていない。またリンデマンは、成人教育を社会的なもの、社会変革の側面を持つものと見なしている。例えば「我々と関わりあっている人たちや影響を受けるであろう人たち、我々の要求に関しての特別な情報をもっている人たちとともに」状況について討議

すること、つまり組織化された話し合いを重視していること[3]は、成人教育を社会的なものと捉えている表れであると考える。

2　社会教育に見る成人の学習

(1)　社会教育実践に関わる職員が大切にしてきたこと

　本書に掲載された複数の事例に見られるように、子育て中の母親、地域で知り合いをつくりたい・地域に貢献したい 20 代から 80 代の人、公害問題に不安や関心を持つ住民、高齢者、育児休業中の女性とパートナー、保護者、大学生など、多様な属性の成人が学習する社会教育実践が、豊かに展開されている。社会教育職員が力量の向上を目指して学習することも、成人の学習である。一人ひとりの成人に目を向けると、より多様であることは、想像に難くない。

　戦後の社会教育実践を紐解いてみると、学校卒業後の働く青年や成人による地域での学び合いが積み重ねられてきている。そうした実践の中には、社会教育関係職員（以下、職員）が関わっているものも多くある。先に取り上げたノールズのアンドラゴジーが、成人の学習を支援する人に向けられたものであることから、職員による近年の論考（本書の事例を含む）を改めて概観してみた結果、社会教育実践に関わる職員として大切にしてきたことが、少なくとも 3 つあるのではないかとの結論に至った[4]。それらは「主体は学習者」「生活に根ざした学習」「学びから学び合いへ」である。

①　主体は学習者

　学習の主体は、成人の学習者・住民（以下、学習者）ということである。職員は自分の「立場性」を自覚しつつ、職員の思いや考えだけで学習課題を設定したり、行政課題を学習者に学ばせたりすることがないよう、学習者主体の学習を目指した関わりに努めている。例えば「実践から見た大人の学びが持つ力」について伝えることも意図した**事例 5** では、「（学習者の）言葉やその言葉の背景を大事に話を聴く」「お互いの立場や意思を尊重しながら共に学ぶ『平らな関係』ができるよう配慮している」などの、職員による具体的

第 3 章　成人の学習を支える考え方　│　43

な心がけ・行動が挙げられている。**事例8**に見られる「しょうがいしゃ青年教室」では、「人と人とが分断されがちな現代社会の中で、障害者が社会関係や興味関心を可能な限り広げていく」「『支援』されるだけの関係をこえて、多様な人とともに学ぶ中で対等な関係を目指す」を大切にしており、「主体は学習者」が意識されていることが読み取れる。

さらに、学習を通して学習の主体として成長していくということがある。つまり、生活の中から学習課題を設定してグループで学習を深めていくことを自分たちで行っていくようになることであり、地域課題とされていることを自分の暮らしや社会との関わりで捉えて行動していくようになることである。

② 生活に根ざした学習

社会教育では学習者の生活に根ざした学習を前提としている。職員は学習者の「生活課題に寄り添う」ことや、「くらしや地域を拓く知恵や力を身につける」学び合いを大切にしてきている。学習課題とは、学習者が暮らす「地域」に拠って立つものとして考えられている。ただし、**事例5**から推察されるように、人口移動の激しい都市部に暮らす成人の中には、「地域の当事者意識」を持っていない人や持てない人もいる。その場合、学習課題として本人が認識しているものについて地域との関わりが薄かったり、地域との接点のなさを課題として認識していたりすることが想像される。

③ 学びから学び合いへ

「主体は学習者」であり「生活に根ざした学習」を志向する社会教育では、学習者同士そして職員も含めた学び合いという学習方法を取ることが多い。例えば**事例5**では、「学習者が想いや考えを言葉にして伝え、問題意識を共有し、ともに生きるために必要な学びが生まれる」とある。こうした学び合いに関わって、1950年代には青年の学習や女性たちの小集団学習の方法として取られていた、共同学習というものがある。『社会教育・生涯学習辞典』(2012年) によると、「(共同学習の) 一般的な定義としては、少人数のグループによる話し合いを中心とした学習方法論」で、「対等な関係の中で、生活

の実態から課題をみつけ、メンバーが経験を踏まえた意見を出し合いながら解決のための方法を考え実践に移す一連の学習活動」とされている。

　生活に根ざした学習での学習課題とは、学習者個人の学習課題であり、ともに学ぶ学習者「たち」の学習課題でもある。最初は個人の学習課題であったとしても、互いに思いを伝え聞き、意見を交わす中で、私たちが暮らす地域や社会と関わらせながら、「私たち」の学習課題にしていくプロセスがある。

(2)　ノールズやリンデマンのアンドラゴジーとのつながり

　「主体は学習者」「生活に根ざした学習」「学びから学び合いへ」は、社会教育の理念や目的にあたるものである。同時に、職員が成人の学習者をどのように捉えているかを表しているとも言えないだろうか。

　「主体は学習者」と「生活に根ざした学習」については、ノールズそしてリンデマンによるアンドラゴジーの内容と重なりがあると受け取れるものがある。「学びから学び合いへ」については、関わり合っている人たちなどと状況についてともに討議することを、リンデマンが重視することとつながりが見られる。

　ノールズの「学習者の自己概念」では、人は成熟するにつれ自己決定性が高まるとされている。日本の社会教育実践で大事にしてきた「主体は学習者」について、この観点から捉えてみることも一考に値する。他方で「主体は学習者」に関しては、戦後の社会教育が戦前の反省に立った民主化政策の影響を受けているという、歴史的・社会的経緯がある。1949年制定の社会教育法を見ると、国及び地方公共団体の任務は、国民が「自ら実際生活に即する文化的教養を高め得るような環境を醸成するように努めなければならない」（第3条）となっている。社会教育主事については、「社会教育を行う者に専門的技術的な助言と指導を与える。ただし、命令及び監督をしてはならない」（第9条）とされている。これらは主体が学習者であることを表したものである。

3 社会をつくる成人の学び合い

(1) 社会構造に影響を受けた成人の学習者

　ノールズのアンドラゴジーは、成人の学習者一人ひとりが、日常生活の中でよりよく生きようとしている可能性を信じて寄り添いながら、教育者が学習者に何かを教えて学んでもらおうとするのではなく、学習者自身で学習の営みを創造していくことに示唆的である。

　一方で、成人の学習者が社会構造に影響を受けた存在であることとその社会構造にも、注意を払うことが大切である。ノールズが言う「教育や訓練の場では、過去の学校経験に戻ってしまい、（成人の学習者は）教育者に依存的になる」ことは、教師から知識を教えてもらうという学校教育が、社会を維持する構造として組み込まれてきた結果であるとも考えられる。

　学び合いによる成人の学習の中では、学習者の間に依存的であったり支配的であったりという関係性が生じることもある。そうした関係性は学習者自身の心理的特性によるものである場合もあるだろう（依存的な学習者に関しては、引っ込み思案なのかもしれない。支配的な学習者に関しては、「ガンガン行ってしまうタイプの人」なのかもしれない）。しかし、「社会制度や構造が、個々の参加者に関係なく、学習活動を規定するかもしれない」[5]という視点からも考えることが求められる。学習者間の関係性は、社会の権力構造によって規定されていることがある。以上に関して、まずはジェンダー、階級、学歴などに関する社会構造が、一人ひとりの成人の学習者にどのような影響を与えているかについて、考えてみることから始めてみてほしい。

　2019年現在、人と人との分断が生み出されがちな社会構造であることが指摘されている。このことは成人の学習にどのような影響を与えているのだろうか。「24時間365日稼働し続ける社会の中で、私たちひとりひとりの働き方や生活リズムは多様化」し、職場でも会議で集うことや、生活する地域でも「生活に一定の共同性を見つけること」の困難さが指摘されている[6]。人口構造や産業構造の変化により、高齢者、在留外国人、貧困と格差により困難を抱えた人々が増えており、地域の中で孤立してしまうことが懸念され

ている。私たちが暮らす地域、生きる社会への不安は、新しい社会、持続可能な社会をつくること、そしてそのための社会教育の役割を議論することにもつながっている。

(2) 社会構造を変革する可能性

　成人の学習は、社会をつくる側面を持つ。それは、現状の社会構造の不備を見抜き変えていこうとすることを含む。例えば**事例6**には「国や地方公共団体、企業などが、環境的に持続不可能な社会につながる行動を行っている場合に是正を求める」とある。この事例からは、住民による石油化学コンビナート建設反対運動が、「松村調査団」に加わった自然科学を専門とする地元の高校教員が参加する住民学習会を伴って展開したことがわかる。住民学習会は「何度となく開かれ」てきたもので、次のような記述もある[7]。

> 　学習会にはルールはないが、えられる知識は参加者全員が理解できるものであり、しかもごまかしをみぬく正確さをもたなければならない。文献上のかわいた知識は、住民の日常的な経験にそくして具体化されないと浸透しない。漁民ならば魚の生態をとおして公害を知る。魚のことだからこそ熱心に学習会の成果をむさぼりとったのである。魚のことを知らない講師には、聴衆がかわって答えた。学習とはたがいの知識の確認、つまり共同学習だったのである。政府調査団のごまかしをうちくだいた住民の"科学"はこうしてそだった。

　上記を読むと、リンデマンによる成人教育のうちとりわけ「成人教育は状況を経由するものであって、教科を経由するものではない」や、関わりあっている人たちなどとの状況についての討議が想像されてくる側面がある。
　私たち一人ひとりがよりよく生きることと、そうした私たちの「生きざま」にも影響を与える社会や地域を、より安心して生きられるようにすることが、成人の学習として追究されることであるならば、リンデマンが言う生活の意味の探究を、誰とどこでどのように討議していくか、すなわち学び合っていくかが、問われてくると考える。**事例5**で述べられているように、

「地域で多様な場を囲み、ともに生きる関係を育むこと」が、今の社会に生きる成人の学習として問われているのではないだろうか。

　上記のような成人の学習を行っていくためには、支援していくためには、学び合う成人のコミュニティの発展を支える考え方や理論に、目を向ける必要がある。例えば、エティエンヌ・ウェンガー（Wenger, E.）は、「あるテーマに関する関心や問題、熱意などを共有し、その分野の知識や技能を、持続的に相互交流を通じて深めていく人々の集団」である、コミュニティ・オブ・プラクティス（実践コミュニティ）についての理論を実践に即して示している。この理論にはどのような可能性があるだろうか[8]。理論を学びつつ、地域で学び合う成人のコミュニティに参加しつつ、実践的に検討してみてほしい。

注

1）堀薫夫「成人の特性を活かした学習援助論」堀薫夫・三輪建二編著『新訂　生涯学習と自己実現』財団法人放送大学教育振興会、2012年、p. 118。

2）エデュアード・リンデマン『成人教育の意味』（堀薫夫訳）、学文社、1996年、pp. 7-8、30-32、104。リンデマンは著作の中でアンドラゴジーの用語をほとんど用いていないものの、「成人の特性を活かした教育としての成人教育の特徴・方法の研究と実践に精力を注いだ」（前掲1）、p. 119）とされている。

3）前掲2）、pp. 100-101。

4）社会教育関係職員による論考は、本書の事例に加え、以下に掲載されたものを概観した。日本社会教育学会編『地域を支える人々の学習支援——社会教育関連職員の役割と力量形成』東洋館出版社、2015年。同前『学びあうコミュニティを培う——社会教育が模索する新しい専門職像』東洋館出版社、2009年。

5）シャラン・B・メリアム、ローズマリー・S・カファレラ『成人期の学習——理論と実践』（立田慶裕・三輪建二監訳）、鳳書房、2005年、p. 325。

6）池谷美衣子「労働と生活の分断を乗り越えるための学習—ワークライフバランスから考える—」手打明敏・上田孝典編著『〈つながり〉の社会教育・生涯学習—持続可能な社会を支える学び—』東洋館出版社、2017年、p. 156。

7）三島市ホームページ「石油コンビナート反対闘争」https://www.city.mishima.shizuoka.jp/ipn001983.html（アクセス：2019.5.13）。

8）E. ウェンガーら『コミュニティ・オブ・プラクティス——ナレッジ社会の新たな

知識形態の実践』（櫻井祐子訳）、翔泳社、2002年、p.33。ただし、ウェンガーは徒弟制度の観察から、「学習は社会的なものであり、日常生活の中で自分の参加している社会の実践経験から学習が行われている」と見なし、状況的学習論（学習は実践が根ざす状況に埋め込まれている）を提唱した（田中俊也「状況に埋め込まれた学習」赤尾勝己編『生涯学習理論を学ぶ人のために』世界思想社、2004年、p.174）。実践コミュニティについても、同様に徒弟制度の観察より見出され、企業におけるナレッジ・マネジメントの実際と関わらせて検討されてきた。以上に留意した上で、地域で学び合う成人のコミュニティの発展を支える理論として、その可能性を追究することが肝要である。

確認問題

(1) ノールズのアンドラゴジーにおける成人の学習者に関する考え方、リンデマンによる成人教育の特徴は、それぞれどのようなものか。

(2) 社会教育関係職員は、どのようなことを大切にして、成人の社会教育実践に関わってきたか。

(3) 成人の学習に影響を与えている社会構造には、どのようなものがあるか。

より深く学習するための参考文献や資料

• マルカム・ノールズ『成人学習者とは何か──見過ごされてきた人たち』堀薫夫・三輪建二監訳、鳳書房、2013年（原著はノールズの生前に4回、没後に3回版を重ねている。本書は原著の第4版にあたる）。

• エデュアード・リンデマン『成人教育の意味』堀薫夫訳、学文社、1996年（原著は1926年に出版された。ノールズによれば「成人学習に関する体系の礎を築いた」書である）。

•「小さな学びを育みあいながら─『東京コンファレンス』の新しい試み─」2017年 https://vimeo.com/210942901（アクセス：2019.5.13）。社会教育職員や学習支援者、ボランティア・市民活動関係者、大学関係者などが集い、東京に暮らす人たちの課題について、自分ごととして考えながら、事例の報告と話し合いを通して、社会教育の可能性を追究している様子が映像で見られる。多様な成人が集って「生活の意味の探究」をしている事例であるようにも思う。

事例5 「荒川コミュニティカレッジ」が生み出す新たなつながり

1 「地域大学」が目指すもの

　東京都荒川区直営の地域大学「荒川コミュニティカレッジ」（以下、コミカレ）は、「あたたかい地域社会」づくりを推進し、地域活動を実践する人材育成を目的に2010年10月に開校した。コミカレには、「地域や地域の人と知り合いたい」「地域でなにか貢献したい」など様々な想いを持った20代から80代の男女が参加している。これまで受講生と修了生を合わせて、約300人がコミカレで学んできた。現在、修了生が立ち上げた43団体（うち9団体休止中）が地域で活動している。コミカレ事務局では、学習機会の提供から地域活動支援まで、継続的な関わりを持って学習支援を行っている。

　ここでは、社会教育指導員として、学習支援で心がけていることや気づいたこと、さらに実践から見えた大人の学びが持つ力について伝えたい。

2 学習プログラムづくりで大事にしていること

　コミカレは2年間コースと1年間コースを開設し、指導員が学習プログラムの企画立案から講座運営、修了後の活動支援まで一貫して担当している。

(1) 地域への愛着を育む「学び合い学習」

　転出入が激しい都市部では、「わたしの地元」意識を生み・育む学習の場や体験の機会をつくることが大切である。「地域の魅力発見」や「地域活動者による事例紹介」を積極的に導入し、情報と人と人との気持ちの行き交いによって、地域への愛着を育む。「学び合い学習」では、参加者（受講者、講師、事例発表者、コーディネーターなど）それぞれの立場の生きた情報を共有する。共有からの気づきを大切に、アイデアを出したり、問題解決策を考えることで、相互理解を深めていく。この手法は、地域の当事者意識を育む一助となり、「このまちが好き！　ずっと住みたい」と思う時、「まちをもっとよくしたい！」というポジティブ・アクションが次々に起こってくる。

50　第2部　成人の学習を培う

⑵　受講生に合わせた学習内容の調整

　年間プログラムは、フィールドワークや活動体験など多様な学習機会を展開する上で大きなメリットがある。参加者の興味や関心、希望に対応できるように柔軟性あるプログラムが組める。講師は、社会教育専門の大学教員や活動実践者に加えて、修了生が担うこともある。多様な人が学び集うコミカレでは、誰もが安心して話ができるように、講師やゲストへは、プログラムの流れや受講者、クラス全体の様子を伝えながら内容を調整している。

　講座の中では、個人で考える時間の他、グループやクラス全体で情報共有をする。私たち学習支援者は、受講生の意見や講座での反応からニーズを探り、その後の講座展開に生かしている。

⑶　学んだことを実践する〜活動に活かせる学習体験

　年１回、受講生や修了生、コミカレ事務局で実行委員会を立ち上げ、学園祭を実施している。受講生と修了生が学習や活動の成果を発表し、区民へ地域活動の輪を広げる一日となっている。地域活動紹介ブースでは、交流を通して地域活動のイメージを描きながら、まちづくりの活動を知ることができるように工夫されている。ここから新たなつながりが生まれることも珍しくない。また、修了間際には、区職員や関係者を前に、修了後の実践へつなげることを目的に、学習成果発表を行う。この発表は、区と区民の地域の情報共有の場のみならず、区民と行政がともに荒川区のまちを考える協働の第一歩という貴重な機会ともなっている。

⑷　学習の場のコーディネート〜人や情報のハブ（結節点）になる

　学習の場では地域の人も集うようにしている。そして、参加者が「教える─教わる」（支援する─支援される）という関係ではなく、お互いの立場や意思を尊重しながらともに学ぶ「平らな関係」ができるよう配慮している。例えば、地域の子育てを知る講座では、実際にお母さんと赤ちゃんをゲストに招いた。受講者から「赤ちゃんを抱っこして、元気がもらえた。私に何かできることをしていきたい」という感想があった。また、地域活動を知る講座では、事例発表者が受講生の感想を聞いて自身の活動の良さを再発見したり、他の活動者と情報交換したりするなど、コミカレでの学びを地域で活かしている。

　「平らな関係」は、互いに想いや声を重ね、参加者全員で学びの場をつくる

事例5　「荒川コミュニティカレッジ」が生み出す新たなつながり　｜　51

意識を育む。そして、次の学習（活動）への糸口や励みにもなると考える。このように地域の方を巻き込む講座づくりが、コミカレが多様な人や情報をつなぐハブとして機能する仕組みにもなっている。

3　学習支援で大事にしていること

⑴　一人ひとりの声を聴く・知る

「言葉やその言葉の背景を大事に話を聴くこと」が、コミカレがハブとして機能するスタートである。例えば、地域との関わりが薄かった定年退職後の男性は、新しい場所で友人をつくることが難しいかもしれない。丁寧に話をする・聴くという時間や不安を和らげる関わり方が必要となる。まず聴くことから関係づくりを始め、その人の言葉を聴く。言葉の裏側には、必ず大切な経験や想いがあり、それらを大事にしつつ関わることが重要と考えている。

聴くことの中には、受講生が「自分自身のこと（気持ち）を知る」時間も欠かせない。毎回の講座の終わりには「ふりかえりシート」を使用し、誰と・どんな場面で・何を得たのかを言葉で表現してもらう。年間カリキュラムの中間と終わりにも、仲間とふり返り、受講生自身が「これからしたいこと」に思いを馳せる時間をつくる。ふり返りでは、コミカレでの出会いや学びによって、どのような変化があったかについて気がつくことを目指している。

実は、講座を組んでいる私自身も、毎回の講座や年間の流れについて、これでよかったのだろうかと常に揺れている。一人ひとりを大事にしつつ、コースが掲げる趣旨に近づきたい。そんな思いを抱きつつ、私自身もふり返り、確認して次の講座へつなげていく。受講生の声を聴く工夫としては、コミュニケーションの選択肢を用意する。個別のやりとりを小まめに、かつ丁寧にするよう心がけている。欠席者への連絡も大事だ。手紙で講座の様子や他の受講生の取り組みを伝え、欠席した方が次に参加しやすい環境をつくる。

⑵　学習者自身の気づきや自己決定

大人の学びの支援では、積極的な意味を持つ２つの「待つ支援」を行っている。１つは、前もって何かを提案（助言）するのではなく、情報を提供して、その人自身の気づきや仲間との合意形成を待つ。受講生が情報を受動的ではなく、主体的に選択できるように寄り添う。時には回り道をすることもある。特に時間が限られている講座では、私自身が焦ることもあるが、ぐっと堪え、その人

52　　第2部　成人の学習を培う

（たち）の考えを尊重し、大人の学びの力に委ねている。自己決定というプロセスは、主体的に動く原動力と考えている。

　もう1つは、必要な時に立ち寄って相談できる関係を築く「コミカレで待つ」ということである。その備えとして、新しい情報や人間関係を得るためにアンテナを張り、時には現場へ赴く。区内・外の関係機関とのネットワークづくりも重要である。コミカレの情報を積極的に伝え、担当者と顔が見える関係を築き、連携できることがあるかを考える。人や情報のハブになるには、学習支援者自身の人間関係づくりも重要であると感じている。

4　大人の学びがつくる新しいコミュニティ

　私が考える大人の学びとは、単に知識や情報を得ることではない。学習支援者が参加者の主体性を発揮できる学習の場づくりを大切にすることで、学習者が想いや考えを言葉にして伝え、問題意識を共有し、ともに生きるために必要な学びが生まれる。そこで、他者との関係の中で自ら「したいこと」を発見し、主体的なまちづくりの活動につながるのではないかと考えている。

　私は、地域の学習（活動）に参加したくても来られない人の存在を思いながら、学習の場を展開できるよう心がけている。今の時代だからこそ地域で多様な場を囲み、ともに生きる関係を育むことが必要である。大人の学びには、自分の意思と地域に暮らす他者との関係を大事にする新しいコミュニティづくりの可能性がある。これからも私は指導員として、学びから活動へ、そして次の学びへと「学び」の循環を生み出す学習支援を行っていきたい。

中泉理奈　荒川区上級主任社会教育指導員（2009年4月〜）。2013年から荒川コミュニティカレッジ担当。一児（16歳）の母。認定NPO法人彩の子ネットワーク理事。あらかわシングルマザーサポートネットワーク代表。社会福祉士。保育士。

事例5　「荒川コミュニティカレッジ」が生み出す新たなつながり　｜　53

事例6　持続可能な地域社会をつくる運動と学習

1　この事例を取り上げる背景

　「持続可能な発展」や「持続可能な開発」（ともに sustainable development の訳語）という言葉が、広く用いられるようになって久しい。2015 年の国連サミットにおいて、「『誰一人取り残さない』持続可能で多様性と包摂性のある社会」実現のための「持続可能な開発目標」（SDGs：Sustainable Development Goals）が採択され、「持続可能な発展（開発）」実現のための取り組みは、ますます進展を見せている。

　環境問題の解決のためには、国や地方自治体による政策的な対応（例えば、法律や条例などの制定、予算措置、環境税の導入など）が求められたり、企業による取り組み（例えば、環境に配慮した商品・サービスの提供・購入など）が必要となったりする。しかし、より根本的には、私たち一人ひとりが、環境の限界の中でも持続可能な社会を創り出していくことの価値を認め、国や地方公共団体、企業などが、環境的に持続不可能な社会につながる行動を行っている場合に是正を求めることができるかどうか、といったことが問われる。そして、人々の意識と行動が社会をつくる基礎であることは、環境問題の解決に限らず、あらゆる社会問題の解決に共通したことである。

　高度経済成長の下（1955 年〜1973 年）、経済成長のための地域開発が全国的に取り組まれる中、巨大地域開発による公害の発生を予見し、住民の運動によって地域開発を阻止した取り組みがあった。静岡県の三島市、沼津市、清水町の二市一町で行われた石油化学コンビナート建設反対運動である。この運動の特徴は、住民たちによる地域調査に基づいた学習会が繰り返し行われ、住民たちの学習を基礎とした反対運動が展開されたことにある。ここでは、この石油化学コンビナート建設反対運動を事例に、社会問題の解決と学習がどのように結びついているかについて、みてみよう。

2　実践内容とその工夫

⑴　石油化学コンビナート建設計画の背景と概要

　1962 年、国土総合開発法に基づき、過密の弊害の除去と地域格差の是正を目

54　第2部　成人の学習を培う

的とした全国総合開発計画（全総）が閣議決定された。この開発計画は、国民所得倍増計画の前後から、太平洋ベルト地帯ですすめられていた拠点開発方式を全国的におしひろめようとするものであった。この拠点開発方式は、全国をおしなべて開発するのではなく、重化学工業、特に臨海コンビナートの立地可能地点で、中枢主導的役割を将来はたすような地方都市を開発拠点として、その開発効果を周辺地域に波及させようとするものであった。この拠点地域として、15カ所の新産業都市と6カ所の工業整備特別地域が指定されたが、そのうち工業特別整備地域の1つとして指定されたのが、静岡県の東駿河湾地区であった。工業整備特別地域に指定されたことで、沼津・三島地域への石油化学コンビナート建設が計画されたが、この石油化学コンビナート建設をめぐって争点となったのが、石油化学コンビナート建設によって公害が発生するのか否かであった。

(2) 反対運動と調査・学習

　沼津市や清水町に先駆けて、石油化学コンビナート建設反対の運動に取り組んだのは「水の都」三島市の住民であり、長谷川泰三三島市長からの委嘱で結成された、通称「松村調査団」と呼ばれる調査団であった。国立遺伝学研究所変異遺伝部長の松村清二を代表とするこの調査団に参加していたのが、当時、沼津工業高校の教諭であった島田幸男（石油化学）、長岡四郎（石油化学）、西岡昭夫（気象）、吉沢徹（水理）の4名であった。

　三島市・沼津市・清水町の石油コンビナート建設反対運動で特筆すべきなのは、松村調査団に参加した沼津工業高校の教師たちが、地域の自然を解き明かすための科学的な調査を住民とともに実施し、またその成果を住民とともに学習している点である。その1つが、鯉のぼりを使った風向調査である。

　調査団メンバーの一人であった西岡昭夫は、5月5日の端午の節句に合わせて立てられる鯉のぼりに目をつけ、5月上旬の連休を中心に10日間ほど、鯉のぼりがどちらに流れているかを観察することで、地上付近の空気の流れがわかり、気流の分布図ができるのではないかと考えた。それから西岡は、沼津工業高校の生徒たちに全校集会が終わった席で、調査への協力を依頼。300名近くの生徒が調査票を持ち帰った。西岡自身は、5月5日には、地図や磁針、温度計、簡易風速計、生徒名簿を持ってバイクで家を出発し、沼津市、三島市、清水町を含む四市六町を巡回しながら、風向風速計で測定を実施した。この鯉

事例6　持続可能な地域社会をつくる運動と学習 ｜ 55

のぼり調査をもとに、データを整理・集計・分析して気流分布図を作成し、それが石油化学コンビナートによる大気汚染の可能性を証明する重要な資料となった。この他にも、棒温度計を持った西岡は、冬の寒い中を住民が運転するバイクに乗り、標高 193 メートルの香久山を昇り降りして温度を計測し、逆転層（大気が上昇するにつれて温度が低くならず、逆に上昇し、空気の混合が起こりにくくなって、大気汚染物質が滞留する）の可能性について調査を行った。こうした地道な調査の成果が、沼津工業高校の教師たちによって学習会で住民に説明、共有された。

「亜硫酸ガス」を「アリューシャン列島のガス」と勘違いしてしまうおばあさんのエピソードが伝えられているように、学習会に参加している住民たちは、必ずしも自然科学的な高度な知識を有している住民たちばかりではなかった。しかし、住民たちは自分たちが地域の中で生活している中での経験を持ち寄り、自身が知っていることを互いに紹介しあいつつ、教師たちが調査で知りえた情報をスライドなどで視覚的に学習することで、地域の自然への理解を深め、石油化学コンビナート建設の危険性について考えることに役立てられたのである。調査団の一人であった吉沢徹は、住民との学習の進め方について、次のようにまとめている（福島達夫『地域開発闘争と教師』明治図書、1968 年、pp. 70-71）。

①壇の上には立たない。
②同じ内容のことを二回から三回しゃべる。同じ表現でしゃべるのではなく、引用例を変えるとか、身近かな問題にひきよせて説明したりする。
③一回研究会にでたら、リコウになった感じ、何か勉強した感じを持たせる。出席しなかった人にしゃべりたくなるような気持を持たせることができれば成功である。
④一人が長い時間しゃべらない。二人三人で顔を変えて話す。
⑤二感的うったえ、つまり聴覚だけでなく、掛図をつかったり、スライドを使ったり、プリントを用意したりするなど、視覚にもうったえる。
⑥ドロクサイ話から、科学的に高い話を理解させる。

3　この事例から学べること

この事例は既に 50 年以上も前の取り組みであるが、ここからは、現在にもつながる遺産として、次の点を学ぶことができる。

第一に、調査を専門家だけで行うのではなく、地域の住民の参加のもとで地域の調査が行われ、調査自体が地域への認識を深める学習の意味を持つことである。第二に、抽象的で専門的になりやすい自然科学に関する内容を、人々の身近な生活体験と結びつけて、理解しやすくする工夫がされていることである。そして第三に、「壇の上には立たない」の言葉にわかるように、専門家（教える側）が高い位置から教えるのではなく、対等な関係での関わり方を行っていることである。

　このように、人間の活動が、環境の限界の内部にとどまるものなのか、環境の限界を超えるものなのかを明らかにするためには、自然科学的な知見が必要となる。環境的な持続不可能性を予見し、予防する上で、住民による自然科学と生活を結びつけた学習が基礎となることを、この事例からは学ぶことができるのである。

【参考文献】
- 星野重雄・西岡昭夫・中嶋勇『石油コンビナート阻止　沼津・三島・清水、二市一町　住民のたたかい』技術と人間、1993 年。
- 宮本憲一編『沼津住民運動の歩み』日本放送出版協会、1979 年。

古里貴士　東海大学課程資格教育センター講師（2014 年 4 月〜）。社会教育主事課程を担当。高度成長期地域公害教育史の研究が中心テーマ。

第4章 生涯学習社会を志向した学び

本章では、高齢者がどのように理解されてきているかを押さえた上で、生涯発達論やエイジングについての研究からの知見について学習する。次に高齢者の特性を生かした学習支援について、ジェロゴジー及びこれをめぐる議論から理解を深める。最後に、高齢者が地域で生きることとまちづくりに関わる学習とのつながりを確認する。

キーワード 生涯発達論、エイジング、ジェロゴジー、地域づくりにつながる学習

1 高齢者を捉え直す

(1) 超高齢社会・人生100年時代の高齢者

日本は世界で最も高い高齢化率で、2017年で27.7%である。今後も高齢化率は上昇し、2065年には38.4%になると推計されている（**図 4-1**）。

厚生労働省は2018年の敬老の日を迎えるにあたり、100歳以上の人が全国ではほぼ7万人にのぼり、48年連続の増加と発表した。国連の推計では、日本の100歳以上人口が、2050年までに100万人を超える見込みである。そうした中で、社会の中で高齢者とされている人の実態が、改めて着目されている。同時に、高齢者像の見直しがされつつある。

高齢者は、「年老いた人。年齢が高い人」（デジタル大辞泉）と定義されている。先の高齢化率が、全人口に占める65歳以上の人の割合であるように、65歳以上の年齢の人を高齢者としている。しかし、現状に合わないのではとの疑義もある。日本老年学会と日本老年医学会は、高齢者の定義を75歳以上に引き上げるべきとする国への提言を、2017年に発表した。心身の老化現象（加齢に伴う身体・心理機能の変化）と社会的老化現象（定年退職など、労働や社会活動における役割の変化）を検討した結果、65～74歳（前期高齢者）は、「心身の健康が保たれ、活発な社会活動が可能な人が大多数」であるとして、

58 第2部 成人の学習を培う

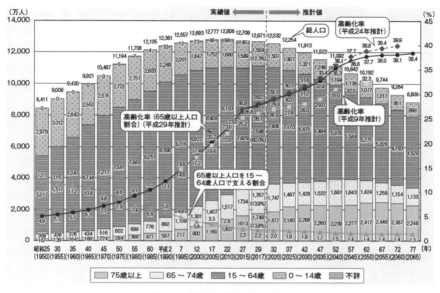

図 4-1　高齢化の推移と将来推計

内閣府『平成 30 年版高齢社会白書』2018 年、p. 4

「准高齢者」とするよう提案したのである[1]。

　文部科学省に設置された、超高齢社会における生涯学習の在り方に関する検討会は、「長寿社会における生涯学習の在り方について～人生 100 年　いくつになっても　学ぶ幸せ『幸齢社会』～」(2012 年)をまとめた。今までの高齢者は「すでに役割を終え、社会から支えられる者」とされてきた面があったが、「65 歳以上の高齢者の多くが、現役で活躍し、地域の活性化に貢献している例も増えてきている」と指摘する。人口減少社会で地域の支え手が少なくなる中、こうした高齢者の活躍に期待するとともに、「多くの高齢者がより一層元気に、様々な場面で活躍できる社会」の実現や、「長寿社会にふさわしい新しい高齢者観や新しい価値観」をつくり出していく必要があるとした。

(2) 生涯発達論・エイジングに学ぶ

　健康であり地域や社会で活躍する高齢者が増えている。しかし、心身の老化現象は同年齢でも程度にかなり差があり、年齢を重ねるほど個人差が大きくなる。「長寿社会にふさわしい新しい高齢者観や新しい価値観」をつくり出していくことが必要ならば、こうした点を考慮しつつ、「本人がどのように生きたいか」を大切にしたものであることが求められよう。

　高齢者を捉える上では、人の発達をいかに捉えるかということが重要となる。堀薫夫は、現代社会に3つの発達観が混在しているとした（**表4-1**）。発達を成人するまでとするもの（成長─社会化としての発達）がある。他方で、社会的役割や社会的過程を重視し、場合によっては衰退や死も生涯発達の一部として捉えられうるもの（生涯のプロセスとしての発達）や、発達を精神や自我の形成として捉えるもの（自己実現としての発達）では、成人期以降の発達が想定されている[2]。

表4-1　発達観の3つのモデル

モデル	成人期以降の発達	イメージ	年齢の役割	重要な次元
成長─社会化としての発達	考えにくい		きわめて重要	身　体
生涯のプロセスとしての発達	考　え　る		重　要	役　割
自己実現としての発達	考　え　る		あまり重要ではない	精　神

堀薫夫『生涯発達と生涯学習』（第2版）ミネルヴァ書房、2018年、p.9

　老年学の基礎概念であるエイジング（ageing）は、「一度あるていど生物的に完成された生体が、それ以降に経験する比較的規則的な変化」を指す。それは「年をとる過程」でもあり、「年をとっての経験」でもある。加齢に伴う身体・心理機能の変化をあるがままに受け止めた上で、高齢期のポジティヴな可能性を追究する、ポジティヴ・エイジングという考え方がある。それは、健康であり地域や社会で活躍する高齢者の生涯学習を考えていく上で、鍵となるであろう。他方で、「衰えつつ死に向かう」ことに直面する高齢者にと

60　第2部　成人の学習を培う

って、「生涯発達論やポジティヴ・エイジング論は、はたして可能なのだろうか」との問いが投げかけられており、追究が待たれるところである[3]。

2 高齢者の特性と学習支援

(1) ジェロゴジーをめぐって

ノールズのアンドラゴジー（第3章）に対し、ジャックス・レーベル（Lebel, J.）が、ジェロゴジー（gerogogy：高齢者教育学）を提唱した。高齢者の特性に目を向け、それを生かした教育学が必要であるとしたのである。**表4-2** は、ペダゴジー・アンドラゴジー・ジェロゴジーの原理を比較したものである。ジェロゴジーの原理は「どちらかというとペダゴジーの論理に近」く、「依存性の高まり、学習成果の応用の間接性、生理的条件の重要性などは、質や形態のちがいはあるが、子どもと高齢者に共通してみられる点であろう」との見解が示されている[4]。

ジェロゴジーは十分に発展する前に、物議を醸すことになった。高齢者の

表 4-2　ペダゴジー・アンドラゴジー・ジェロゴジーの原理の比較

論　点	ペダゴジー	アンドラゴジー	ジェロゴジー
学習者の自己概念	依存的。年齢が上がるにつれて、依存性は減少する。	自己主導的（self-directing）。	依存性の増大。
学習者の経験の役割	あまり重視されず。教師や教科書執筆者の経験が重視される。	学習への貴重な資源となる。	学習への貴重な資源となるが、一方で、活用に工夫が必要となる。
学習への準備状態	生物的発達段階と社会的プレッシャー。	社会的役割からの発達課題。	内在的報酬。エイジングへの適応。
学習の見通し	延期された応用。	応用の即時性。	応用の問題は二次的に。学習経験に内在する価値と人間関係の豊饒化が重要に。
学習への方向づけ	教科・教材中心。	問題解決中心。	興味をひく教科中心。人間的交流や社会参加など副次的要素が重要に。

堀薫夫『生涯発達と生涯学習』（第2版）ミネルヴァ書房、2018年、p. 137

特性を過度に強調することで、高齢者の学習がステレオタイプ化されたり、新たな年齢差別が生み出されたりすることが危惧されたのである。これらに留意しつつ、先に見た発達観の３つのモデルとエイジングの考え方からは、考慮すべき高齢者の特徴が示唆されていると考える。

　高齢者演劇集団「さいたまゴールド・シアター」を立ち上げた蜷川幸雄（演出家。故人）は、「深い喜びや悲しみ、平穏を生き抜いた経験は、表現者として役に立たないはずはない［中略］経験を積んだ人たちの身体表現や感情表現をとらえ直してみたら、今までなかったような形態の演劇ができるかもしれない」と考えた[5]。高齢者は、多くの人生経験を経ており、経験の蓄積があると見なされている。高齢者はまた、人生の有限性を意識する機会も多いのではないか。これらのことについて、本人の受け止めに意識を払いつつ、生活や人生に与える影響と学習との関連を考えていくことが求められよう。

(2)「主体は学習者」をめぐって

　「多くの高齢者がより一層元気に、様々な場面で活躍できる社会」を目指すのであれば、「主体は学習者」が問われてくる。第３章を読んだ人は、「高齢者も成人であるから、あえて言うことではないのでは」と思うかもしれない。しかし、高齢者が「すでに役割を終え、社会から支えられる者」とされてきた社会的状況があるため、あえて言うことは必要であると考える。

　具体的に問われてくることの１つに、「高齢者自身が学習の場を設営し組み立てていく」[6]ことを可能にする学習支援がある。**事例７**のあだち区民大学塾は、「区民が学ぶ・教える・創る」をキャッチフレーズとし、企画や当日の運営をNPO法人あだち学習支援ボランティア「楽学の会」が行う。楽学の会は、会員を高齢者に限定していない。しかし、あだち区民大学塾の経緯が、社会教育委員による答申「足立区における高齢者の生涯学習振興策」（2003年）での提案の１つである「高齢者を中心とした大学事業の開設」に端を発している。このことからも「高齢者自身が学習の場を設営し組み立てていく」ことを、他世代とともに模索してきた事例と言えよう。

3 超高齢社会に生きる人々の生涯学習
(1) 高齢者が自分らしく暮らし続けるために

　身体・心理機能の変化で、日常生活に支障が出ている高齢者もいる。例えば認知症は「様々な原因で脳の細胞が死ぬ、または働きが悪くなることによって、記憶・判断力の障害などが起こり、意識障害はないものの社会生活や対人関係に支障が出ている状態（およそ6か月以上継続）」（**図 4-2**）である。65歳以上の7人に1人が患っており（2012年度時点）、年齢を重ねるほど発症する可能性が高まる[7]。症状の程度や進行には、個人差がある。

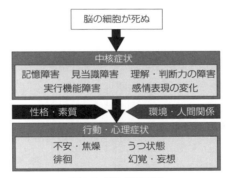

図 4-2　認知症の症状
政府広報オンライン「もし、家族や自分が認知症になったら　知っておきたい認知症のキホン」

　厚生労働省は「認知症の人の意思が尊重され、できる限り住み慣れた地域のよい環境で自分らしく暮らし続けることができる社会の実現」を目指し、2015年に関係府省庁と「認知症施策推進総合戦略～認知症高齢者等にやさしい地域づくりに向けて～」（新オレンジプラン）を策定した（2017年改訂）。
　NHK「ハートネットTV」の「シリーズ認知症　第5回『"わたし"から始まる町づくり』」（2013年）は、認知症を患う一人暮らしの人に、近所の人たちが声かけや見守りを行う様子を紹介した[8]。認知症を患うAさん（70代）が外出する機会をつくろうと実施する「おしゃべり会」では、Aさんが話しやすいように、Aさんが趣味で撮った写真が登場した。Aさんと近い世代であ

ろう参加者は、写真への質問やユーモアを交えた会話をしたりしていた。Ａさんはこの会について「顔を見られるだけでもいいね。話ができきゃもっといいし」と言っていた。参加者にとっても、この会はＡさんを知ることにつながり、その上で必要な声かけや見守りを行っていることがうかがえる。

(2) 超高齢社会の課題を地域で学び合う

　「おしゃべり会」の企画者Ｂさんは、認知症を患う近所の人による「トラブル」をきっかけに、地域の人が認知症を理解する必要を感じたという。行政に相談して場所を提供してもらい学習会を開いてきた。そして見守りや声かけといった具体的な活動を行ってきているのである。

　西東京市の柳沢公民館が 2013 年度に実施した、「人にやさしいまちをつくるチャレンジ講座―学ぶ・つながる・活かす―」（全 13 回）[9]のきっかけは、公民館に毎日のように来ていた高齢で認知症を患う男性が、保育付き講座を受講中の女性の子どもの手をひっぱったことであった。女性は「しばらく公民館には行きたくない」と、公民館職員に相談した。子どものことが心配になったのだろうと、職員は女性の気持ちに寄り添いつつ、「加速度的に進行する高齢化のなかで、私たちはこのことをどう捉えればよいのか？［中略］皆でいっしょに考える必要があるのではないかと……」と思うに至る。

　その思いを基に企画した先の講座では、「個人情報に配慮しながら、実際に直面した認知症の高齢者とのかかわり方の事例を取り上げるとともに、地域づくりの主体として周囲の力を引き出し、サポートできるような『新しいリーダー』の発掘・育成」を目指した。企画を進める段階で、職員は子育て世代のサークルと対話を重ね、アイデアや発想を受け取った。認知症に関する基本的知識や認知症の人と接する時の心構えなどを学習してロールプレイをする回、グループディスカッションの回などを取り入れた。30 代から 80代、子育て中の人、定年退職後に地域活動に目を向け参加してきた人、公民館を育ててきた人などが参加し、多世代多層の人たちで学習を重ねた。

　以上の例からうかがえるのは、超高齢社会で高齢者がいかに生きるかということは、高齢者本人に限った課題ではなく、同じ時代と地域に生きる幅広い世代の課題であり、地域づくりに関わる課題でもあるということである。

注

1）「『高齢者は75歳から』、学会が提言、65〜74歳は社会の支え手」日本経済新聞朝刊、2017年1月6日。

2）堀薫夫『生涯発達と生涯学習』（第2版）ミネルヴァ書房、2018年、pp. 8-9。

3）同前、p. 6、p. 75。堀薫夫『教育老年学の構想——エイジングと生涯学習——』学文社、1999年、p. 27。

4）前掲書2）、p. 138。

5）橋田欣典・須賀綾子・強瀬亮子・埼玉新聞取材班『蜷川幸雄と「さいたまゴールド・シアター」の500日——平均年齢67歳の挑戦』平凡社、2007年、p. 14。

6）社会教育推進全国協議会編『社会教育・生涯学習ハンドブック』第9版、エイデル研究所、2017年、p. 622。

7）政府広報オンライン「もし、家族や自分が認知症になったら　知っておきたい認知症のキホン」https://www.gov-online.go.jp/useful/article/201308/1.html（アクセス：2019.5.13）。

8）NHK「ハートネットTV　シリーズ認知症　第5回『"わたし"から始まる町づくり』」（2013年7月25日放送）https://www.nhk.or.jp/chiiki/movie/?das_id=D0015010105_00000（アクセス：2019.5.13）。

9）保谷しげ美「西東京市・柳沢公民館における『まちづくり講座』」『月刊社会教育』国土社、2017年9月号、pp. 21-22。

確認問題

(1) 超高齢社会や人生100年時代において、高齢者をどのように捉えるか。

(2) 高齢者の特性や特徴を考慮した学習支援の考え方に関して、懸念される点と考慮した方がよい点として、それぞれどのようなものがあるか。

(3) 超高齢社会で生きる私たちにはどのような学習が必要か。

より深く学習するための参考文献や資料

• 堀薫夫編著『教育老年学と高齢者学習』学文社、2012年（エイジング及び高齢者学習の理論に関する知見と高齢者学習の実践が掲載されている）。

• 総務省統計局「統計からみた我が国の高齢者（65歳以上——『敬老の日』にちなんで——」2017年9月17日　https://www.stat.go.jp/data/topics/topi1030.html（アクセス：2019.5.13）。特に「3. 高齢者の就業」に目を通してほしい。本章では扱えなかったが、高齢者の学習を考える上で、重要な事柄の1つである。

事例7　高齢社会の学習支援ボランティアと「あだち区民大学塾」

1　「あだち区民大学塾」事業の背景と目的

　「あだち区民大学塾」事業（以下、「大学塾」）は、2003年6月に第10期足立区社会教育委員会議より答申された「足立区における高齢者の生涯学習振興策」の1つに提案された「高齢者を中心とした大学事業の設立」に端を発している。「大学塾」の目的は、進展する高齢社会に対応した"区民主導による新たな学びの仕組み"を構築することで、区民が「学び・集う喜び」「知識や経験を教え導く楽しさ」「学びを創り・支える愉しみ」を獲得し、"生涯現役"の区民として地域社会に参画する意欲や実践力を培うことにある。

2　学習支援ボランティア活動とその仕組みづくり

　「大学塾」の具現化にあたり、区民主導の学習システムを進めるための仕組みを検討しながら、協働事業としての役割分担を組織図で明確にした。事業の核となる学習講座は、区民ボランティアが区民を対象に、区民講師を中心とした内容とし、キャッチフレーズの"区民が学ぶ・教える・創る"をチラシなどの広報媒体に採用した。こうした活動の継続は、「大学塾」事業の普及に加え、区民手づくりの学習支援活動が周知されることで、潜在的なボランティアの拡大とシニア世代の地域参画意欲を引き出す後押しをしたと考えた。講座開催までの手順は、講師選定、講義内容、コマ数、開催日程などの講座概要案を「講座検討会議」に諮り、自由闊達な意見交換を経て、「講座企画会議」で会員の合意により最終決定される仕組みである。

⑴　「大学塾」の特徴

　　①区民の知識や技術、経験を生かした「区民講師の活躍」がある。
　　②受講者数により講師謝礼額が決まり、学ぶ側のニーズを取り入れる。
　　③講座の運営や講師のコーディネートは、区民である「学習支援ボランティア」が行う。
　　④区民講師に加え、学習ニーズに応じて一般講師による学習機会も提供す

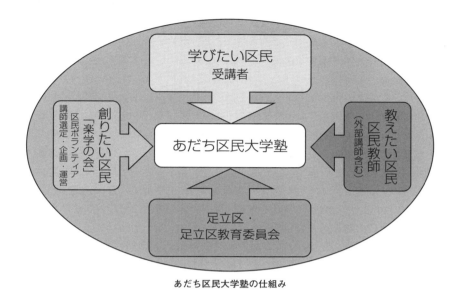

あだち区民大学塾の仕組み

るなど、「区民主導による新たな学習事業の拡充」を図る。
⑤従来の行政による直接供給型事業から協働型事業への転換を図る。

(2) 学習支援講座の事例

　近年、足立区は放送大学東京足立学習センターに加え4大学を誘致、約1万3,000人が学ぶ学園都市へと変貌している。そこで、「大学塾」を運営するにあたり、従来の学習講座に加え、東京未来大学学生とのコラボレーション企画と足立区内の旧日光街道・千住宿で「街の駅」を運営し、地域の文化・芸術を生かした活動を続けている、NPO法人千住文化普及会との連携講座に取り組み、新たなニーズの開拓を試みた。

① 実践　その1
　講座テーマ：東京未来大学・学生と「お江戸ル　堀口茉純」千住を語る
　目的と内容：東京未来大学において、区民講師より足立区の歴史の変遷を学び、学生に「まち歩き」を体感してもらい、自らも調査した結果を地域住民に発表しながら意見交換を行うという2部構成の講座である。企画のきっかけは、

学生の多くは区外からの通学であり、大学の設置場所である地元住民との接点が少なく、もっと大学を知ってほしいことと、学生にも地域を学ぶ機会を増やしたい、との大学関係者の情報からである。そこで、具体案を大学側に提案し、協議の結果、実現にこぎつけた。

まず、学生との接点を考慮した第1部に、東京未来大学歴史学科の授業の一コマに当講座の講師をゲストティーチャーとして採用してもらい、単位として認定。また、講義に参加した250名余りの学生の中から「まち歩き」体験学習希望者を募った。思いのほか学生の関心が高く抽選となる。資料となる体験学習コースの解説付きマップは、当講座のコーディネーターでもあり、資料作りで定評のある当会員の手製である。コース途中の史跡解説には、会員が懇意にしている地元歴史研究家の協力を仰ぎ、個人所有の貴重な歴史資料を手にした学生との交流も組み込んでいる。

第2部ではこうした体験が生かされた発表となり、地域住民との意見交換も学生に対する率直な要望や評価など、身近なテーマで学生と地域をつなげることの意味合いは大きいと感じた。

② 実践　その2

講座テーマ：北斎「冨嶽三十六景」千住浮世絵の謎と碑を巡る

目的と内容：連携しているNPO法人千住文化普及会は公益信託「あだちまちづくりトラスト」の助成金事業に応募し、区内3カ所に顕彰碑を建立した。本事業の目的を広く市民に周知し、地域の文化・芸術の遺産として学ぶために、講演会と現地学習の2回で開催した。1回目の講演会では、葛飾北斎の浮世絵が日本を代表する芸術作品であることは広く知られているが、「冨嶽三十六景」の内3枚が千住地域を題材に描かれている事実はあまり知られていない。講演はこうした経緯と顕彰碑が身近な存在であることを明らかにし、多くの区民に文化遺産としての魅力を発信した。

そして、2回目の現地学習でのガイド役は、千住文化普及会の研修会などで学び、「街の駅」でも解説者として活躍している同会会員が担当した。顕彰碑製作には、足立ブランド認定企業や町会などの支援者も一丸となっており、こうした地域性を生かす講座開催は、想定外の交流の場をもたらした。顕彰碑事業報告会への参加や支援者と掲載された顕彰碑完成記念誌への執筆など、多様な知恵袋が織りなすネットワークが交差し、受講者にとって、新たな地域文化

の価値を体感する機会となったのではないだろうか。

3 事業開拓のための工夫と仲間づくり

　事業を展開するにあたり、入会間もない会員を運営に巻き込むことが「大学塾」発展の鍵であり、自由な発想で講座づくりに参加してもらう工夫も必要である。初めは、経験を積んだ講座コーディネーターと連動しながら実践を重ねる。しかし、講師選定、とりわけ講座の内容を討議する会議では、経験に関係なく、侃々諤々の論議もいとわない光景が見られる。ここは仲良しグループではない。あくまでも受講者目線で質の高い講座をいかに提供するかを論じる場である。この厳しい議論なしに「大学塾」は成立しない。平均３コマの講座を年間 15〜18 講座、継続的に実施するためには、誰もが活動の当事者として運営に携わっていけるかが重要なポイントであり、受講者の満足度をも左右するからである。ここが経験の差が出る部分であろうか。切磋琢磨することでお互いを知り、学び合い高め合う姿勢を大切にしている。

4 「あだち区民大学塾」の成果と課題

　「区民が学ぶ、教える、創る」をキャッチフレーズにした「大学塾」の最大のポイントは、活動に参加することで、どの立場にもなれることである。会員が講師を務めたり、講師であった方が会員となり創り手や講座スタッフとして運営に携わりながら、講座で学ぶこともできる。こうした、社会で培った能力を発揮し、地域で何らかのお役に立ちたいと考える活動者自らが"学びの楽しさを循環させる機能"を生み出せるような仕組みが、「大学塾」展開の原動力になっている。しかし、活動の担い手が高齢化とともに減少する傾向もあり、多様なジャンルを提供するための情報開拓が急務となっている。学習支援ボランティアを継続するために、活動者それぞれが地域のネットワークを広げ、開拓し続けることが課題だと考える。

早坂津夜子　NPO 法人あだち学習支援ボランティア「楽学の会」の理事として 2004 年、「あだち区民大学塾」事業の立ち上げ全般に携わる。2006 年 7 月から 2010 年 6 月まで、及び 2012 年 7 月から 2016 年 6 月まで当法人代表理事。

事例 8 　障害者の生涯学習と国立市公民館
　　　　「コーヒーハウス」

1　現代的課題としての「障害者の生涯学習」

　2017 年、文部科学省の生涯学習政策局（2018 年 10 月より総合教育政策局に組織再編）に、「障害者学習支援推進室」が置かれ、障害者の生涯学習の推進に向けた施策が大きく動き出した。障害者の教育といえば、これまで「特別支援教育」としての学校教育を中心に充実が図られる一方、学校卒業後の障害者に関することの多くは「福祉」や「労働」の分野にゆだねられ、障害者の社会教育や生涯学習は周辺的な領域に置かれてきた。

　近年になって障害者の生涯学習に政策のスポットが当てられることになった背景の 1 つに、2014 年に日本が批准した「障害者権利条約」が挙げられる。この条約は、「障害者に関する社会全体（各家庭を含む。）の意識を向上させ」ること（8 条）、「障害者を包容するあらゆる段階の教育制度及び生涯学習を確保する」こと（24 条）などを締約国に求めている。障害者の生涯学習推進を通じて、障害者を含む社会のすべての構成員の社会参加を後押ししていく「共生社会」の実現に向けて、生涯学習支援の対象をこれまで十分な活動を制約されてきた人たちへと拡大していくことが求められている。

　そこで以下では、国立市公民館「コーヒーハウス」の事例に焦点をあて、障害の有無にかかわらずともに学び合う実践の意味を読み解きながら、「合理的配慮」の考え方を踏まえた生涯学習支援の在り方を考えたい。

2　国立市公民館「コーヒーハウス」の取り組み

⑴　「コーヒーハウス」の成り立ち

　東京都国立市公民館では、「しょうがいしゃ青年教室」が 40 年近く開催されてきた。その前身は、1960 年に開講した「商工青年学級」と呼ばれる「勤労青年」向けの青年学級である。1967 年には活動の拠点となる「青年学級室」（現在の青年室）も開設された。1970 年代中頃には、この青年室を拠点にコーヒーを飲みながら語りあえる自由な「たまり場」づくりが行われ、新しく「コーヒーハウス」という名称での活動が始まった。

70　第 2 部　成人の学習を培う

このコーヒーハウスで、障害のある若者の参加や障害児を持つ親の会からの要望などにより、1980年、「障害者青年学級」（現在の「しょうがいしゃ青年教室」）が開講する。また、障害者青年学級の活動と連携した喫茶コーナーが青年室に併設された。1981年に開店した「喫茶コーナーわいが屋」（現在の「喫茶わいがや」）

国立市公民館・喫茶わいがやの店内

は、障害者を含む若者集団がボランティアで運営し、また日常的に様々な市民が集える喫茶店として、今も営業を続けている。こうしてコーヒーハウスは、障害の有無にかかわらず学び合う活動や、当たり前のように障害者が共生できる地域づくりへの実践の基盤を培ってきた。

(2) 障害者が地域でともに学ぶ意味

現在、しょうがいしゃ青年教室は、国立市内在住・在勤の主に知的障害者向けの文化・学習活動として、スポーツ、クラフト、料理、喫茶実習、陶芸、リトミック、YYW（やりたいことを企画し、実行する講座）の7コースに分かれ、月に1回平日の夜や土日に行われている。運営は、公民館の担当職員3名とボランティアスタッフ約40名（以下、スタッフ）が担い、障害のあるメンバー約60名（以下、メンバー）とともに活動する。スタッフは、学生や社会人などの10代後半から30代を中心とする若者たちであり、多くは障害者と接した経験のない、いわば「素人」である。

知的障害者は、特別支援学校などを卒業した後の生活においては、就労・通所先における「支援者」との関係性が中心になりがちである。生涯学習支援の実践の展開にあたっては、人と人とが分断されがちな現代社会の中で、障害者が社会関係や興味関心を可能な限り広げていくこと、「支援」されるだけの関係をこえて、多様な人とともに学ぶ中で対等な関係を目指すことが必要である。障害者がよりよく生きていくために必要だろうと支援者が考える学習内容を一方的に教え込むのではなく、それぞれの学習者の自発性やニーズを中心にしながら、多様な人を媒介した相互の学び合いを創り出すような実践が求められる。

事例8　障害者の生涯学習と国立市公民館「コーヒーハウス」

⑶　**当たり前だと思っていたことが揺さぶられる経験**

　コーヒーハウスの実践では、「素人」の市民や学生がスタッフとしてメンバーと対等な立場、仲間であろうとすることを前提に、障害者の学びに寄り添いながらかかわってきた。しかし、「対等な関係」をつくることはそう簡単ではない。時にメンバーは、他のメンバーやスタッフとの間に戸惑いや葛藤を引き起こす場合がある。だが、戸惑いや葛藤が起こった時こそ、気づきや相互理解が生まれ、豊かな学び合いに発展していく可能性がある。

　このことに関して、多くのスタッフは、活動の中で「多様な人の存在や価値観への気づき」を経験している。あるスタッフは、自分とは違う行動や考え方をする人と出会った経験から、「私からすると、間違った言動や理解できない発言も、当の本人からすると本人なりの理屈をもとに行われている。（略）自分自身の価値観をもとに、自分とは違う個性に対して非難や否定をする権利は誰にもないのだな、ということを強く感じました」と述べている。

　また、スタッフが活動の中で感じる事柄の１つに、「『支えている』と『支えられている』の両立や反転」がある。例えば、大学の社会教育主事課程の実習をきっかけにかかわり始めたあるスタッフは、最初「『スタッフ』としての参加なのだから何かをしてあげなければならない」と思っていたという。このスタッフは、「でも現実は逆で、実習生として緊張して参加した私はメンバーに助けられてすらいた」とふり返り、活動の面白さを「今まで支えられていた人間が他人を支えるようになったり、支えている人間も時には他人に支えられていたりといったような立場の逆転が簡単に起きること」だと述べている。

　こうした活動は、障害者の生涯学習の機会を保障するだけではなく、参加するボランティアなどの市民にとっても、他者とのかかわりの中で自分が当たり前だと思っていたことが揺さぶられる経験ができる、学び合いの場でもあるのだ（島本優子「ライフジャケットを着てぷかぷか浮かぶ―国立市公民館しょうがいしゃ青年教室における若者の実践―」『月刊社会教育』2018年9月号、国土社を参照）。

3　「合理的配慮」を契機にした対話と相互理解

　近年、「合理的配慮」という考え方が重要になっている。2016年施行の「障害者差別解消法」で示された「合理的配慮」とは、障害者が社会参加や権利行使をしようとする際に、障害ゆえに起こる困難を取り除く措置のことを指す。一般的に「合理的配慮」は、障害者の明示的な要求に対して社会の側が応える

形で行われるが、障害者個々人のニーズはそれぞれに異なるため、すべてのニーズを満たすことは難しい。その時、丁寧な対話や相互理解を通して着地点を見つけていくことが「合理的配慮」の重要な要素となる。

　特に知的障害者のニーズは、経験の共有や対話によって相互理解を深め、実質的な本人参加と学び合いのプロセスによって、次第に顕在化する場合が多い。この際に重要なことは、職員や支援者が相互理解を深めるだけではなく、市民がそうした学び合いの主体となるための支援である。上述のとおり、障害者青年学級などの実践では、市民が障害者との間に生まれるコミュニケーションや相互学習から多くのことを学んでいる。こうした福祉教育やボランティア学習の機会を創出・コーディネートしていくことは、「共生社会」の実現に向けて求められる生涯学習支援であろう。誰もが排除されることなく、互いに学び合うような学習支援は困難もあるが、過去の実践事例にヒントを得ながら挑戦しなくてはならない現代的課題である（津田英二「障害者の生涯学習支援推進の考え方」『社会教育』2018年12月号、一般財団法人日本青年館を参照）。

井口啓太郎　文部科学省総合教育政策局男女共同参画共生社会学習・安全課障害者学習支援推進室。世田谷区、足立区、国立市での社会教育現場などを経て、2018年より国立市からの派遣職員として現職へ。現在は、障害者の生涯学習の推進に取り組む。

事例8　障害者の生涯学習と国立市公民館「コーヒーハウス」

第2部のおわりに

　第2部では、おもに学校教育を終えた後の成人の学習とその支援について、自己実現と社会実現の観点から理解を深めていくために、必要であると考える内容を扱ってきた。本部に掲載された4つの事例に加えその他の部の事例について、改めて本部の内容と重ね合わせながら読んでみることをお勧めしたい。

　本部で扱った内容には、実際に社会教育実践に参加することを通して、往還的に理解を深めたり内容を修正・発展させたりすることが求められるものもある。例えば第3章で扱ったノールズのアンドラゴジーに関し、ノールズは「発展途上にある理論」として「挑戦され、検証され、修正されるためにここにある」（ノールズ『成人教育の現代的実践——ペダゴジーからアンドラゴジーへ』2002年）と述べた。ノールズの「学習者の自己概念」によれば、成人は自分自身の決定や生活に責任を持つという自己概念を有するが、教育の場では教育者に依存的になる。このことからは、成人の学習では自己決定を到達目標とする考え方が生み出されている。日本の社会教育実践を見てみると、学習における成人の自己決定が、多様な人との関係性を紡ぐことを伴う学習で発揮されること、発揮できるようになることがうかがえる。そして、学び合いの中での自己決定とは、ともに学ぶ人たちとの関係性の中で最善と思えるものを自ら決定していく側面を持つものであると捉えられる。

　2020年度からの新しい社会教育主事養成課程では、社会教育実習（1単位）が必修化される。「社会教育主事講習等規程の一部を改正する省令の施行について（通知）」（2018年）は、実習先の例として「公民館や青少年施設、教育委員会の他、NPO・ボランティア団体、放課後子供教室や地域未来塾などの地域学校協働活動等」を挙げている。社会教育実習という大学のカリキュラムを通して、または大学のカリキュラムではない形で、成人による社会教育実践に参加し、成人の学習とその支援について、実践と理論の往還の中で、理解を深めたり内容を修正・発展させたりしてほしい。その際に、社会教育実践に関わっている人たちや、社会教育主事養成課程担当教員及びこの課程を受講する学生とともに取り組めると、なおよいと考える。

第3部　学習プログラムのデザイン

　公民館や図書館には、地方自治体やサークル、市民団体などが開催する様々な事業のチラシが置いてある。プロのデザイナーが制作したと思われるチラシから手作り感満載のチラシまで、多種多様だ。単発の講演会もあれば、10回の連続講座や、2年間に及ぶ長期のプログラムもある。

　チラシには、回数や募集定員などの違いはあっても、企画者の様々な「願い」や「想い」が込められており、その1枚のチラシが、それを手にした人の生き方を左右してしまうこともある。生涯学習という学びの営みの持つ可能性は限りなく大きいのではないだろうか。

　第3部においては、学習プログラムの企画段階の基本を学ぶとともに、学習プログラムの実施段階の基本的な進め方を学ぶ。さらに事業実施には欠かすことのできない評価の基本についても学んでいく。

　本文と掲載した6本の事例を合わせて読むことで、実践的な企画・運営の力量の向上を図ってほしい。なお事例を読むにあたっては、事業に込められた担当者の「願い」や「想い」、そして、その「願い」や「想い」が学習者の学習支援としてどのように展開されているのかに思いを馳せながら、読んでほしい。そこには、単なるノウハウではない、企画・運営者に求められる何かがあることだろう。

学習へのきっかけとなるチラシ

第5章 学習プログラムの企画

本章では、学習プログラムとは何かを踏まえ、プログラムの企画段階で求められる基本的な考え方や手法について学んでいく。ここで学ぶ企画の力は、様々な社会教育施設や企業、NPOなどの多様な市民団体・組織などが、自らの計画やミッションに基づく事業を実施する場合にも求められるものである。

キーワード　学習プログラム、事業、目的と目標、状態目標、対象者理解、対象者を絞る

1　学習プログラムとは何か

(1)　学習プログラムとは

　学習プログラム（以下、プログラム）とは、継続的かつ組織的に実施される学級・講座などの一連の実施計画を指すものであり、一般的には「学習目標」「学習主題」「学習内容」「学習活動」「学習方法」「教材」「講師・学習支援者」「期日」「回数・時間」などの要素から構成される。また、1回の学習は、講義、話し合い、質疑、ワークショップなど、複数の形態の学習で構成される。

　学級は学校をイメージするとわかるように、長期にわたり一定の構成員で継続的に学ぶものであり、講座は、例えば子育てや環境、健康など、特定の学習課題をテーマに、3回から10回程度の回数で実施される場合が多い。

　また、プログラムを幅広く捉える考え方もある。教育振興計画などの自治体の基本的な計画や社会教育施設の年間事業計画もプログラムであり、個別の学級・講座などの個別事業計画もプログラムであり、ある講座の特定の回の学習展開の計画もプログラムである、とする考え方である。

　自治体や公的な社会教育施設が実施する事業であれば、当該自治体の基本的計画や施設の年間事業計画を踏まえる必要があることは言うまでもない。

76　第3部　学習プログラムのデザイン

この場合の計画は、自治体や施設が目指す目的を掲げたものであり、その目的を実現するための1つの手立てが事業という関係となる。

なお、第3部においての「事業」とは、学級・講座や講演会、さらに社会教育施設などの館祭りといったイベントや各種大会、市民の学習を支援する仕組み・制度なども含めて、幅広いものとして考えていくものとする。

(2) 学習プログラムの必要性

事業のPRチラシや自治体の広報紙を見て、「参加したい」と感じさせるためには、この事業に参加することで「○○について学ぶことができる」「○○が体験できる」ということを明確に伝えることが求められる。事業のねらいから学習の展開や指導者、開催日時などをわかりやすく提示することで、学習者が事業の全体像を把握することができる。この全体像を提示するためにプログラムが存在する。

なお、チラシとプログラムとは、同じものではない。チラシはプログラムの構成要素の全体を掲載するものではなく、キャッチコピーや呼びかけ文を始め、学習内容や講師など、紙面構成を踏まえた上で、ポイントを絞った内容で作成される場合が多い。自治体や企業などで実施を決定する際の、いわば起案文書・企画書にあたるプログラムでは、詳細な学習の展開など、チラシでは見えない事項も掲載することが求められる。学習の展開イメージを明確にしておくことは、講師らに依頼する場合にも不可欠だ。

(3) 学習の展開──男女共同参画学習を例に

事業企画の基本に入る前に、男女共同参画学習を例に学習の展開過程について考えてみたい。男女共同参画学習を、ここでは「ジェンダーを生み出す社会構造を変革し、男女共同参画社会をつくる主体者としての自己を形成するエンパワーメントを目指した学習」として捉える。

学習の展開例としてはジェンダーに敏感な視点の形成を目指し、以下の流れを念頭に、社会を構造的に把握し、自分が歴史的、社会的、政治的存在であると捉え、最終的に変革の力を獲得していく学習として展開していく、というように考えることができるだろう。

①生活の中にジェンダーが潜んでいることに気づく

②個別の気づきを他者と共有化する

③ジェンダーと社会構造との関わりをつかむ

「潜んでいることに気づく」ためには何らかの働きかけが必要となる。どのように「働きかけ」ていくのか、企画の力が問われることになる。

講座は単発の講演会の連続ではない。どのような学習課題であっても、文章を書くにあたっても「起承転結」があるように、全5回の講座であれば、その5回の学習の流れ、展開を意識しながら企画を進めることが求められる。

(4) 企画と事業計画

改めて「企画」とは何か。ここでは、企画とは課題を総合的に解決することであり、解決策を取りまとめる作業の過程と捉える。企業や自治体には「企画」という名称を持つ部署が設置されている場合が多く、この企画セクションが、自治体であれば総合計画策定などの政策形成の中核を担っている。総合計画には、自治体の将来像やまちづくりの方向性が描かれている。

同様に、生涯学習推進計画であっても、個別事業のプログラムであっても、目指す方向性が描かれていることが必要である。その方向性を、例えば夢やビジョンに置き換えよう。夢と現状との格差を埋めるものが事業となる。事業は、小さなものから大きなもの、短期的なものから長期的なものまで、多種多様な取り組みで構成される。事業を実施主体や時期の視点から整理することも企画であり、一覧にしたものを事業計画と呼ぶ（**資料1**）。

なお、自治体の総合計画は、ただの夢物語を掲げるものではなく、計画期間や投入する財源などについても言及している。個別事業プログラムでも財源や人員、時期などの条件を明確にし、企画していかなければならない。

2　企画のプロセスデザイン

(1) 現状・課題を把握する

事業企画において重要なことは、地域の現状や対象とする人々の意識・実態、課題を分析し把握することである。それらを踏まえ、事業の実施が構想

されることになる。把握しておきたいものとしては、地域が直面している課題、人々の関心や学習要求、地域にある学習資源、そして自治体などの制度や仕組みといったものが挙げられる。

　子育て中の母親を対象とする事業を例に考えてみよう。子育て中の母親たちはどのような課題を抱えているのか、その暮らしや家族の状況を始め、子育て支援施設や制度など、子育てをめぐる現状を幅広い視点から把握することが必要となる。**事例9**では、女性の労働力率や出産年齢などのジェンダー統計に取り組み、男女共同参画課題の顕在化を進めることで、「ほっと越谷」にとっての中心課題が、女性の就労と就労継続、キャリア支援などであることを明らかにしている。

　現状を把握するためには調査が必要である。高齢者の孤独死を考える講座であれば、一人暮らしの高齢者は何人いるのか、この10年で増えたのか減ったのか、どのような問題を抱えているのかなどについて把握することが必要となる。このように調査の基本とは、簡単に表現すれば、「数える・比べる・尋ねる」と言える。学習ニーズの把握のため、各種の調査結果や講座アンケート結果などを生かすことや、対象とする当事者に尋ねることもある。

　もちろん、すべての調査を自らが実施する必要はない。自治体は各種のデータを持っている。また、駅などで無料配布される住宅情報誌にも、自治体ごとの施策やデータが掲載されている。既にあるデータを活用することも有効である。

(2) 目的・学習目標を明確にする

　例えば公民館の主催事業であれば、設置目的や年度の重点目標、事業計画などを踏まえ、事業が実施されることになる。主催者における事業の位置づけや前項の現状把握を踏まえ、事業の目的を明確にする。目的とは究極的な目標であり、目標をクリアしつつ目的の達成を目指すという関係にある（**資料2**）。富士山に登頂する場合、一合目、二合目である目標を達成しながら、頂上という目的を目指す。頂上へは右からのルートもあれば、左からのルートもあるだろう。これらのルートは目的達成に向けての組織としての考え方・コンセプトということができる。

男性対象に料理教室が実施されているが、生活的自立能力を育むという学習目標を持つ料理教室は、男女共同参画社会の実現という目的に向けた事業であるということを、主催者は認識することが求められる。

　目的や学習目標は文章化しておきたい。事業を通してどのような状態になることを目指しているのか（状態目標）、こうあってほしいという状態を文章化しておくことは、企画を進める中で何か疑問や問題が出てきた場合、事業の原点であるその文章に立ち戻ることで、目指す方向性から逸れることが避けられる。しかし、立ち戻った時、当初の学習目標などに問題があれば、変更してもいいのである。なお、複数のメンバーで企画する場合は、共有化する意味でも文章化することが不可欠となる。

（3）対象者を絞る

　事業の対象者をどのように設定するかについては、現状を踏まえて設定された学習目標などとリンクして検討することが重要である。例えば子育て支援講座であれば、かつて子育てを体験してきた先輩女性が参加した場合、「昔はこうだった」「子どもが小学校に入るまでは母親が育てるべきだ」といった主張がなされる可能性もある。現在子育て中の人を対象とするなど、限定することで、そうしたことを避けることができるだろう。

　対象を絞り、チラシに明記することで、この事業は「私に呼びかけているんだ」ということを伝えていく。対象を幅広く設定した「誰でも」を対象とする事業もあるが、目的により対象を設定すればいいことは言うまでもない。

　開催日程については、対象とする人々にとって、最も参加しやすい設定にする必要がある。このことのためにも、現状を把握することが求められるのである。なお、一時保育付きの講座の場合は、「子どもにとって」の視点を重視した上で、日時が検討されなければならない（**事例1**）。

（4）企画書作成の前の確認ポイント

　ここからは事業の参加対象者を学習者と表記する。前述の（1）〜（3）の検討を生かし、学習者の意識や学習者を取り巻く実態などを検討する中からキーワード、切り口を探りつつ、具体的なプログラムづくりが始まっていく。

かつて筆者は男性だけを対象とした「男性改造講座」を担当していた。4人ほどの職員で「男性が抱える問題」を課題にブレインストーミングを行い、そこで出された結婚・離婚、単身赴任、働き方と子育て、セクシュアリティなどのキーワードをもとにプログラムをつくった経験がある（**資料3**）。

以下、連続講座を例に、確認しておきたいポイントを記載する。

- 事業の目標と予算や施設の確保状況などの所与の条件を考え併せ、実施回数を検討していく。なお、学習者相互の交流や学習のふり返りなどでは、講師などを呼ばない場合もある。
- 連続講座は単発の講演会の連続ではない。総論を確認してから各論について学ぶ、逆に各論を学んでから全体をトータルに考えるなど、各回のつながり、流れ・ストーリーを持った全体構成の視点を忘れてはならない。
- 講義中心の「承り学習」から脱却し、「いかに学ぶか」という発想に基づき参加型学習を柱に、さらに交流・体験型学習など、学習内容に合わせて多様な学習方法を活用していきたい（学習方法については後述）。
- 学習の出口を見通すことが重要である。そのためには学習から活動へ、そしてまた学習へという循環を意識してプログラムをつくる。例えばシニア世代の地域デビューをテーマとした講座では、施設内での学習に加え、シニア世代が活躍する活動の現場を訪問するなど、具体的な講座後の活動イメージを提案している講座が実際に数多く開催されている。
- 把握することが必要な現状に含まれるが、地域の学習資源（ヒト・モノ・カネ・情報・環境など）を生かしたい。前述のシニアの地域デビュー講座にとって、地域で活動している市民団体は重要な資源の1つである。また、駅から遠方の社会教育施設にとっては、駅前にある銀行などの企業の会議室も、有効に活用したい資源と言えるだろう。
- 地域資源の活用ともかかわるが、ネットワーク・協働の力が持つ可能性は大きい。自らが持ちえない企画力や専門性を持つ人々や組織（自治体・学校・団体・企業・NPOなど）が協働することにより、例えば、地域課題の解決が前進することが期待されるだろう。

（5）企画書をつくる

　前述してきたことを企画書としてまとめていくが、企画書のフォーマットは多種多様である。例えば、事業全体を「6W3H」の観点からワンペーパーで整理したものが「企画書1」（**資料4**）、講師も含めて連続講座の流れを記載したものが「企画書2」（**資料5**）である。企画書1では、事業を通してどのような状態を目指すのかという「状態目標」を、企画書2では、「学習の方法・展開」を丁寧に記載することで、全体構造がわかりやすくなる。

3　パートナーとしての講師や学習支援者

（1）講師や学習支援者をどう探すか

　事業担当者の一番の悩みは講師や学習支援者をいかに探すか、ということかもしれない。限られた予算の中で、プログラムの要素である講師や学習支援者選びが、事業の評価を左右する場合もある。これだけネットからの情報が溢れる中で、求める情報に出会うためにはどうしたらよいのだろうか。

　事例16や**事例17**のような、所属・職場を超えたネットワークを活用することや、日頃から、他の地域での事業に目を配ることにより、講師関連情報をつかんでおくことも大切である。また、国や都道府県などが整備する人材情報データベースも確認しておきたい。

　注意したいこともある。生涯学習の事業における講師は、教える・指導するという姿勢ではなく、学習者とともに学習をつくるというパートナーとしての姿勢が求められている。生涯学習においては、大学教員や専門家イコール優れた講師という公式は成り立たない場合がある。

　筆者の経験だが、情報資料室があった施設に勤務していた時期、学習テーマに関する本や新聞記事を読み漁った。数多くの図書と新聞に加え、新聞記事を課題別に編集した情報誌の存在にも助けられた。そうした中、ある日刊紙で記者の氏名が記載された署名記事を読み、その記者に講師を依頼したことがある。その人とは30年を経た今でも、講師と職員という関係を超えて付き合っている。どのような人に講師を依頼するか、1つの出会いと言える

が、それなりの努力と時間を費やすのは当然のことである。

(2) 講師依頼・打ち合わせの基本

　現在ではメールが主流となっている。できれば電話で話してから詳細はメールで伝えることが望ましいが、電話で話すこと自体が困難な場合もある。依頼したい人がはっきりした段階で早めに連絡をするが、伝達事項は多岐にわたる。事業の目的や対象、日程・会場などのプログラムの概要とともに、なぜあなたに依頼するのか、テーマ、連続の講座であれば全体の中での位置づけ、謝礼などは必須項目である。記録を作成する場合には、校正についても依頼しておくことを忘れてはならない。また、どこから電話番号やアドレスを入手したかも伝える。

　しかし、多忙などの理由で受けていただけない場合もある。日程の問題であれば、代わりの日程を提案することで承諾の可能性もあるので、粘り強く交渉しよう。承諾後に謝金額を提示することもあるが、それは避けたい。なお、金額面で不安を感じる場合、まずは、手紙にて担当者の想いを丁寧に伝えてから、電話やメールで依頼するということもある。

　できれば直接会って打ち合わせをすることが望ましい。講師からすれば担当者の意向の確認とともに、ともに学びをつくる上で、お互いにその人となりに触れておくことの意味は大きい。打ち合わせをする中で、学習内容や学習方法を学習者によりフィットさせていくことも可能となる。

4　企画を実現するための3つの課題

(1) チラシ作成と広報

　いかに充実した事業でも、情報が届かなければ参加者は望めない。チラシ作成の際には、事業タイトルやキャッチコピーには全力を注ごう。ポイントは誰のための事業なのかを明確に伝えることである。チラシを手にした人が、「私」のための事業、「私」に呼びかけている事業だと感じることが求められる。さらに、参加することで、どのような力を獲得することができるかをイメージできるかどうかが、参加する・しないの分かれ目になる。

第5章　学習プログラムの企画｜83

とりわけシニア世代にとって紙媒体の力は依然大きく、自治体の事業であれば広報紙や施設だよりが中心となるが、無料で情報を掲載してもらえる可能性のあるフリーペーパーや地域紙も活用したい。重要なのは、事業の対象者に合わせて SNS など、多様なツールを活用していくということである。

チラシづくりが苦手と考えている人も多いだろう。地域資源の中に大学があれば、そうした力を持つ学生がいる可能性があるし、施設を利用するサークルメンバーの協力を得ることを考えたい。

(2) 協働・ネットワークの力を生かす

少人数の職場や組織の場合、一人で事業の企画を担うことがあるだろう。しかし、担当者が一人で悩む必要はない。職場や団体の仲間たちの意見に耳を傾けてみよう。例えば公民館の事業であれば、利用者でもある事業の対象とする人たちに、作成中のプログラムについての意見を聴いてみてはどうだろうか。講師についての情報を尋ねることもできるだろう。

広報についても、SNS などを活用しようとしても、そのスキルを持ちえない場合は、そのスキルを持つ人を利用者から探してみよう。日頃の地道な関わりが協力者を生みだすこともある。

企画委員会を設置し検討を進める講座もある。学習者自身が企画者になることは、自らを学習の主人公にしていく大切な営みと言える。この場合のポイントは、事業の目的を文章化し、共有することである。企画委員の意見を大切にしつつも、目的にそぐわない場合は、企画委員がそのことに気づくことができるような委員会運営や、委員相互の話し合いが重要となる。

企画委員会の設置は、学習主題を示し広報紙で公募する場合もあれば、前年度の参加者に声かけをする場合もある。前者の場合は、なぜ応募したのか、そこから話し合うことで、自らの想いを再確認することになる。後者の場合は、学習に「参加」する立場から学習をつくる「参画」という立場となり、疑問の背景を明らかにし、学びをさらに深めていく可能性も秘めている。

どちらの場合でも、事業の担当者としては、委員とともにつくるという姿勢を保持しつつ、委員会を運営していくファシリテーターとしての役割を果たしていくことが求められる。参画意欲を高めつつ、企画づくりを担い、さ

らに事業実施の際の進行役などを学習者自身が担っていくことも、隠されたもう1つのねらいと言えるのではないだろうか。

こうした企画委員会には、学習課題について専門的に取り組んでいるNPOに加わってもらうことも、重要な協働でありネットワークである。

(3) プログラムには変更の可能性がある

講座では、ふり返りシートなどから見えてくる学習者の反応により、予定の学習内容を変更した方が適切なこともあり得る。作成したプログラムを予定通りに実施することが目的ではなく、学習者の状況を踏まえた学習の展開が重要と考える。生涯学習の場での講師には学習者とともにつくるという姿勢が、ここでも求められている。同じ講師が連続して講師を務める場合は変更しやすいだろう。講師が異なる場合には難しいと思われるが、丁寧に話すことにより想いを伝えていきたい。

なお、連続した講師・学習支援者による講座の場合、大枠のプログラムだけを示して参加者を募集し、学習を展開しながら、後からプログラムがつくられていくような、プログラムのない事業があることも理解しておきたい。

確認問題
(1) 関心のある学習課題を設定し、その学習の展開をどのように考えるか。
(2) 生涯学習の場で求められる講師の姿勢とはどのようなものか。
(3) 企画委員会による企画を進める際の留意点は何か。

より深く学習するための参考文献や資料
• 講座などを企画する参考となるハンドブックなどの情報が、特に県レベルの自治体のホームページに掲載されているので、ぜひ検索してみてほしい。
• 「東京都生涯学習情報」には、都内自治体の「指導者・講師」関連情報サイトのリンク集が掲載されている。
  URL　http://www.syougai.metro.tokyo.jp/jinzai/img/sidoukousi.pdf（アクセス：2019.5.13）

事例 9　パートナーとともに学ぶ女性のキャリア継続支援講座

1　市民とともに歩む男女共同参画支援センター

　越谷市男女共同参画支援センター「ほっと越谷」（以下、「ほっと越谷」）は、「男女共同参画社会基本法」施行後、2001年に北越谷駅前の商業ビルのワンフロアに設立された。「ほっと越谷」は、ほっとする場、ほっとな情報の提供を期待した市民提案による愛称である。男女共同参画社会を推進する地域の拠点施設として、「越谷市男女共同参画計画」に基づいて、学習・市民交流・情報提供・相談事業を実施している。

　埼玉県越谷市は、1994年から6年間、「越谷市男女共生のまちづくり推進市民会議」の公募市民とともに地域の実態を調べ、「女性問題」解決のための学習を実施すること、また、市民向けの講演会や講座の開催を重ねることで、女性政策を進めてきた。「ほっと越谷」も開設以来、地域で活動する約50の市民登録団体との協力・連携を基盤として事業を展開している。

　「ほっと越谷」は、2009年度より、市直営の運営から、市民団体「認定NPO法人男女共同参画こしがやともろう」が指定管理者となった。運営指定管理者として、また学習支援者としての職員のキャッチフレーズは、「市民力と専門力」である。「ほっと越谷」職員は、男女共同参画に関する視点を持ち、学習課題を提起する専門力を持つことを目指すとともに、何よりも越谷市民の生活の現状を知り、多様な市民の経験と学習の成果を市民力として生かすことを目標としてきた。市民もまた、設立以来18年間、大人の学習の場である「ほっと越谷」で学び続け、そして学習支援者としてのステップを上りつつある。

2　実践内容とその工夫

⑴　市民を支援する専門力

　前述の市民会議の時に子育て中であった女性たちは、子どもたちをお互いに見守りながら学習した経験から、「心豊かで楽しい子育て」を目指して、NPO法人や子育て団体を立ち上げるに至った。行政の子育て支援講座などの受託・運営を通して、子育て団体としての経験を積み、母親たちの信頼を得ていった。

「ほっと越谷」は、登録団体でもある子育て団体の活動を支援し、2010年度からは、女性のキャリア継続支援のための講座を協働で実施することを提案した。それが、子育ての視点とキャリア継続という男女共同参画の視点を入れた、育児休業取得中の女性を対象とした職場復帰準備講座となった。

⑵ 職場復帰準備講座の学習プログラム

① 学習プログラムの変化

　本講座は、第1回「越谷市の保育所情報を知る」、第2回「職場復帰した先輩ママの体験談を聞く」、第3回「復帰準備のアドバイス」の3回連続講座である。第3回の内容については、市民の状況により、少しずつ変化している。

　当初の学習課題は、育児休業取得中の人が少ないことを不安に思う女性が多いことから「育休取得中の友達づくり」とした。また、会社で初めての育児休業取得者のケースも多かったので、育児休業法の知識を得る必要もあり、「育児・介護休業法などの法的知識を得る」とした。その後、育児休業後に職場復帰をしない人が少なくなかったため、「ライフプランを描いて就業継続の重要性を伝える」とした。

　講座を重ねるうちに育児休業取得前の妊娠中の女性やパートナーの参加希望も出てきたので、募集対象に加えることとした。7年目からは、職場や保育所とのコミュニケーション、また、仕事に対する心構えを伝える「仕事と育児両立のヒント」とした。本講座は、参加希望者が多く、育児休業取得者も増えたことから、3回の連続講座を年2回開催することになった。参加者のパートナーの参加も増え、講座当初には見られなかったパートナーとともに職場復帰に向き合う姿が見られるようになった。

　子育て団体には、ファシリテーターを継続してもらい、講座後に話し合いを重ねている。日頃の子育て支援活動や母親の子育て事情などを踏まえ、参加者ニーズをともに振りかえることで、講座の継続・進展を目指している。

② 学習プログラム　2018年度

講　座　名：「育児休業取得中の女性のための職場復帰準備講座」

開催事項：年2回（6月、9月の実施）、休日（1回のみ平日）午前中

対　　　象：市内在住の育児休業取得中の女性・妊娠中の有職女性16人とパートナー

	学習課題テーマ	学習方法	学習支援者	学習支援者の役割
1回	市内の保育所情報を知ろう	情報提供 情報交換	市役所担当課 子育て団体	市役所との連携 参加者ニーズの把握
2回	パートナーとともに考える仕事と育児両立のヒント	講義 グループワーク	講師 職員 子育て団体	講義内容の検討 ファシリテーター
3回	パートナーとともに聞く先輩ママの体験談	体験談 グループワーク	職場復帰者（前年度講座受講者）子育て団体	前年度講座受講者との連携 ファシリテーター

⑶　ジェンダー統計による越谷市の現状

　2018年度からは、職員の専門力研修を兼ねた新規事業として、越谷市のジェンダー統計に取り組み、男女共同参画課題の顕在化を進めている。

　越谷市は埼玉県の東南部にあり、東京都心から25キロ圏内のベッドタウンである。長年の課題は女性の働き方であり、女性の労働力率は、全国及び埼玉県の平均を下回り、出産・育児年齢は低下していた。越谷市の女性は、育児の時期に仕事を辞め、育児負担が少なくなった頃に再就職をする傾向が顕著であった。

　しかし、2015年の国勢調査による「ほっと越谷」作成のジェンダー統計（2017年）によると、共働き世帯が半数を越え、約6割に増加していた。女性の就労と就労継続、再就職支援、女性のキャリア支援が、「ほっと越谷」の中心課題となる現状が、ジェンダー統計の分析により、裏付けられた。

3　職場復帰準備講座の成果と課題

⑴　講座の成果

　本講座は、継続性・プログラムの充実度・発展性から、ニーズの高い事業といえる。職員が地域の実態統計の根拠を踏まえ、子育て団体が地域の女性の声を捉えた企画であり、「ほっと越谷」と子育て団体がそれぞれの専門力、市民力を発揮して協働した成果である。

　女性の働き方、またエンパワーメントは「越谷市男女共同参画推進条例」の前書きにもある地域課題である。地域の男女共同参画学習課題の変化を敏感に捉えるのは、拠点施設の職員の「専門力」である。また、越谷市子ども家庭部子ども育成課、相談機関などに新しい情報提供ができたのも、子育て団体との

連携・協力による職員の「専門力」ゆえである。

　子育て団体も長年の活動を通して子育ての先輩から学んだ経験や自らの子育て経験を活用することにより、ファシリテーターやグループ学習の支援者としての「専門力」を発揮している。参加者の不安や課題を市民として共有できる存在であり、一人で悩む子育てを地域で支え合う「市民力」である。毎年、職員が先輩登壇者交渉のため、前年の参加者へ電話をすると、無事職場復帰をした報告とともに、役割を快諾してくれる。参加者の復帰率も年々高くなっている。学習者が学習支援者となる循環を内在した「市民力」である。

(2)　企画の課題

　地域の男女共同参画センターは、多様な世代の市民が行き交う、生涯にわたる学習の場である。本講座の参加者は、「ほっと越谷」を初めて利用する人が多い。本講座は育児期の女性支援講座ではあるが、その後の一人一人のキャリアを見据えた視点で企画・継続することで、生涯にわたる学習の場となるのではないか。参加者には、パートナーの参加を得て、仕事復帰後の多様な職種体験をパートナーとともに経験し考えることを通して、男女共同参画についての関心を深めてもらいたい。また、講座終了後にも、「ほっと越谷」の多様な講座や活動に参加してもらうことを期待している。

　子育て団体には、学習支援者としての経験を「ほっと越谷」で活動する他分野の団体との連携にもいかすことが期待される。男女共同参画センターは、市民力と専門力をいかす情報提供の場であり、交流の場でもある。

　また、生きづらさを抱える女性の支援など、困難な状況にある人々の課題解決も男女共同参画センターの役割である。働きながらの子育てに困難を抱える単身女性・男性に対する支援・情報提供も今後の課題である。

青木玲子　認定特定非営利活動法人男女共同参画こしがやともろう理事（2007 年〜）。2001 年から 2006 年、越谷市男女共同参画支援センター所長。2006 年から 2009 年、埼玉県男女共同参画推進センター事業コーディネータ。

事例 10 　市民ボランティアによる地域を生かした学習支援

1　事例の目的

　中野区教育委員会では 2006 年度から 5 年間「生涯学習サポーター養成講座」（以下、養成講座）を開催した。初回の広報チラシには「地域の生涯学習を支援する生涯学習サポーター。その役割と活動の場を広げることが狙いです。皆さんと協働し、地域で活動している人材やサークル・団体情報をつなげていくノウハウを実践的に身につけます。地域の教育・学習を区民の力ですすめるために是非ご参加ください」とある。その初年度の修了生有志 23 人で 2007 年 5 月に発足したのが「なかの生涯学習サポーターの会」（以下、サポーターの会）である。

　区から引き継ぐ形で 2012 年からサポーターの会が主催で養成講座を開催するようになり、2018 年度で 7 回目となる。試行錯誤を繰り返しながら行政の当初の目的も踏まえつつさらに発展させ、現在では「中野区民の生涯学習活動をサポートする人材の育成と、地域課題に取り組む力を養成する」ことを目的としている。

　この養成講座を取り上げることで、市民がボランティアとして地域づくりに貢献する 1 つの形を検証したい。

2　実践内容とその工夫

⑴　調査・体験を取り入れた養成講座プログラム

　サポーターの会が養成講座を企画しはじめた 2012 年〜2013 年当初は、講師による教室での講義が中心の講座だった。正直、講座の運営も不慣れで、講師にすべてお任せの状態であった。講座が終了してもサポーター会への入会希望者は少なかった。

　変わり始めたのは 2014 年からだ。この年は「高めよう！　地域のなかの自分力」として、受講生がサポーターの会会員であるスタッフとともにグループに分かれ、「社会福祉協議会」「すこやか福祉センター」「区民活動センター」など地域の 7 カ所の施設や団体を訪ねて役割や内容を調査、まとめて発表すると

90　第 3 部　学習プログラムのデザイン

いう講座を企画した。長年住んでいる地域でも、出かける場所は限られる。施設や団体を自分で調べ、話を聞く体験は受講生にとって新鮮な驚きだったようである。この年は受講生の半数以上が会に入会することになった。会としても、地域の施設や団体とつながりができるという副産物もあった。サポーターの会のメンバーはスタッフとして参加したため事前の調整や準備は大変だったが、受講生のその後の活動へとつながり、養成講座のターニングポイントとなった年だったと考えられる。

それからは、講座修了後に受講生の具体的な地域活動に、よりつながるように、講師による講義、プラス地域での調査・体験を多くとりいれるようにしている。講座で学んだことを自分自身に取り込み（インプット）、実践（アウトプット）へとつなげてほしいからである。

(2) 実行委員会形式

また、特徴の1つとして、前年度養成講座を受講して入会した新会員には、次年度の養成講座実行委員会の委員として、スタッフとともに関わってもらっている。「何がわからなかったか、何を理解したか、何をやってみたいか」は実行委員会初回に必ず聞く質問である。常に新しい風を入れる。今の時代のその地域に求められるものは何か、ボランティアといえどもアンテナを立てる努力は必要である。

近年では、実行委員会にて取り上げたいテーマがいくつか見つかった時点で、テーマごとの分科会形式をとり、より小さい単位で新旧会員の実行委員が忌憚のない意見を述べ合い、テーマを深めていく形をとっている。

この場があることで新会員に役割ができ、活躍できる空気が醸成されて、自分の意見が形になり、さらに自信がついて新しい活動へのエネルギーとなっていく。スタッフの会員も新しい会員をサポートしながら講座の企画をまとめていくことで、スキルアップとなり、自分自身の成長へとつながる。新旧会員の学び合いの循環が動き始めたということである。講座そのものも大切だが、意見交換の積み重ねと講座の企画を自分たちの手でつくり上げていく過程、この時間と場の共有が生涯学習サポーターとしての醍醐味となっている。このスパイラルが続くようになって、毎年会員数が増え（2018年4月現在50名）、サポーターの会の活性化につながってきたと考えられる。

(3) 三者協働

　中野区では生涯学習活動の拠点であるもみじ山文化センター（通称なかのZERO）の管理運営を、2005年から指定管理者に委任している。サポーターの会も発足当時から市民・行政・指定管理者との三者協働を謳っている。様々な活動を続けていく上で、対等の立場での協力関係は欠かせない。

　この養成講座を例にしてそれぞれの役割を考えてみたい。

　市民：サポーターの会は「市民をサポートする市民」を育成しているが、決して上から目線ではなく、横から「一緒に地域で活動しよう」という姿勢である。市民が地域をより深く知り、地域の課題やニーズに気づくことで、それを情報として発信し、解決のための次への活動へとつなげることができる。講座を開催することで地域活動の仲間を増やす。

　行政：助成金の補助（毎年申請が必要）をすることで、市民の地域活動の振興に寄与する。市民、指定管理者との協働により、地域の活性化をはかる。区主催の「なかの生涯学習大学」では受講生に毎年「養成講座」のチラシを配布、広報活動を支援。また、行政の（社会教育主事の）目線からのアドバイスも、サポーターの会を客観的に見ることができる貴重なものとなっている。

　指定管理者：講座を共催する立場で企画段階から関わり、受講生募集の受付、広報活動、会場の確保、講座通信のまとめなど、私たち市民のニーズ・要望にきめ細かく対応してくれる。指定管理者として市民の声（ニーズや意見）を聴きつつ、行政から受託した生涯学習活動を形にしていくことができる。

　毎年全力で養成講座を成功させるために取り組んでいるが、行政や指定管理者が一歩離れたところで見守り、必要なサポートの手を貸してくれることが本当にありがたい。それぞれの役割と信頼を構築するまでには10年間の長い人間関係の積み重ねがあったからこそということを付け加えておきたい。

3　成果と課題

(1) 講座から発展

　主催開催7年目となる2018年は、講座の内容も終了後までのストーリーを考えて組み立てるようになった。分科会1「地域を探る」では地域の居場所やサロンを体験しながら、集まる場の必要性を考える。昨年度の同じ分科会からは、今年度、サロンが2つ立ち上がった。分科会2「地域を活かす」は、知っているようで知られていない地域の施設について見学・体験してその情報を地

域に暮らす者の目線から区民に向けて発信する（2014年のワークより体験が加わっている）。分科会3「地域を学ぶ」はバリアフリー＋地域情報のマップを作成し、助成金を使ってマップを発行する。それぞれが講座から発展して地域活動へとつながる道筋が見えるようになっている。

(2) 評価と課題

　近年、この養成講座には他地域の行政や団体からの見学が相次いでいる。「市民が、市民をサポートする市民を養成する」という講座が一定の評価を得たのだろう。私たちが出向いて話をする機会も増えた。市民が学び合い、実践を積み重ねながら、仲間を増やし成長していく「市民力」、その姿を実感している。

　養成講座実行委員スタッフは全員講座の中に入る。傍観するメンバーはいない。参加者全員で講座をつくり上げていく。これが講座の推進力にもなるが、客観的に全体を見ての方向付けなどが難しい面もあり、その点は講師に頼る時もある。実行委員会も「和気藹々」と「侃々諤々」が相半ばする。会員は個性豊かであり、意見も様々である。しかし、目標を共有し多様な価値観を尊重し合い、助け合える仲間がそこにはいる。課題は毎年存在する。それは翌年の講座の糧となる。お互いの学び合いの中にこそ、成長のエネルギーがあると感じるので、この力を糧に仲間たちと生涯学習サポーターとしての活動を続けたいと願っている。

道林京子　なかの生涯学習サポーターの会会長（2014年6月～）。2010年から2014年、中野区社会教育委員。2008年から2016年、中野区次世代育成委員。2016年から中野区社会福祉協議会いきいき推進プラン委員。

第6章 学習プログラムの展開

　本章では、実際に講座などの事業を運営する際に押さえておく必要がある基本的な事項について学んでいく。いかに充実した学習プログラムであっても、学習者の主体性を尊重しつつ、丁寧な準備と多様な学習方法を活用していくことが、企画・運営者には求められている。さらにここで学ぶ事前準備を含めた学習のデザインと展開には、学習者の学びを支援する視点が貫かれていることが重要である。

キーワード　トータルプロセスデザイン、学習方法、学びの空間デザイン、
　　　　　　　ふり返り、主体性と共同性

1　学習の質を高める事前準備

(1) 学習者は「お客様」か

　本章では、事業の主催者や企画者、運営者などを担当者と表現し、事業に参加する人を学習者と表現する。学習者については、他に講座生や参加者と表現している場合もあるし、民間のカルチャセンターでは「お客様」という場合もある。使用するにあたっての主催者の考え方が反映されている。

　生涯学習での学びは強制されるものではない。チラシや広報紙などを見て、「参加したい」と思う気持ちを基に、申し込み行動に移る。それだけに広報の工夫が大切になるが、学習の展開においても、学習者の主体性が尊重される、トータルなプロセスのデザインの視点を大切にしていきたい。

　講座などでの学びは学習者や担当者、講師・学習支援者（以下、講師）、また、企画委員会形式であれば企画委員、保育付事業であれば保育者等々も含め、主体性を持つ者同士がともにつくるものである。学習者をお客さんにしないよう受付・司会・記録などの役割についても、進行に応じて学習者が担当していくことも意味がある。こうしたことの積み重ねが終了後の自主グループにつながっていくことになる。

(2) 申し込み受付

　事業に参加するには申し込みが必要となる。直接窓口、電話、はがき・往復はがき、メール、ホームページ上の申込フォームなど、申込方法は多様だが、対象者の状況に応じて決めたい。受付にあたっては運営に必要な情報だけを収集するが、キャンセルが出た場合や突然の中止に対応するために連絡先は不可欠である。保育付きの場合は、月齢・年齢も明確にする必要がある。

　ネットが身近になる前の時期だが、かつての筆者の職場では往復はがきでの申し込みを基本とし、住所、氏名、年齢、職業、電話に加え、応募動機を記載していた。なぜ参加しようとしたのかを自らに問うことから、既に学習が始まっていると捉えていたからである。応募動機は担当者や講師にとっても有益な情報であり、グループ編成にも役立てていた。

(3) これだけはやっておきたい事前準備

　事業開始前の準備には細かいことも含まれるが、そのどれもが学習者の学びと学び合いを支援することにつながる。

① 受付とその準備

　会場での受付は初めての出会いの場。学習者の緊張感や不安感を取り除くような明るい対応が求められる。受付にあたっては、学習者自身が名簿・出席簿にチェックする形式もあれば、担当者が名前を聞きチェックすることもある。どのようなやり方にしても、わかりやすいことが基本である。

　名札については、事前に作成しておく場合もあれば、例えば青少年対象事業であれば、呼んでほしいニックネームを自分で記入する場合もあるだろう。名札1つかもしれないが、学び合う関係性を育むためには名札は貴重なものであり、目的や対象に合わせて準備することがトータルなデザインの考え方である。

　また、施設の入口から事業の実施会場までの案内表示など、細かいことかもしれないが、丁寧に考えておきたい。

　同時期に複数の事業を実施する場合もある。事業ごとに受付用具や用紙類、

第6章　学習プログラムの展開　｜　95

付箋、筆記具などをまとめたセットを用意しておくと便利である。

② 配付資料の準備

配付する資料には大きく分けて、運営資料と学習資料の2つがある。

名簿は学習者の学び合いの関係性を深めていくためのものであると同時に、重要な運営資料であるが、個人情報保護の観点を踏まえ慎重に扱わなければならない。配付する際は理由を説明し、学習者の了解を基に運営に関わる最小限の情報を掲載したものを配付する。回を重ねる中で、終了後の活動などに関わって連絡先が必要となった場合は、全体に諮り、了承した人のみの名簿を作成することになる。

その他の運営資料として、初回のオリエンテーションでの説明事項をまとめた資料も、特に初めて参加する学習者にとっては助かる（**資料8**）。伝達事項が多い場合は、口頭だけでは伝わりにくい。

学習資料としては、学習プログラムを始め講師らが作成するレジュメやパワーポイントをプリントしたもの、継続した講座などでは学習者が感想や質問などを記載したコメントペーパーも大切な資料となる。また、必要に応じて参考図書や自治体発行物のリストなども用意したい。シニア世代を対象とした事業では、文字のポイントを大きくするなどの配慮も必要となる。

著作権については、著作権法第35条、および「学校その他の教育機関における著作物の複製に関する著作権法第35条ガイドライン」（**資料6**）を理解しておくことが求められる。

③ 会場の準備

事業内容や定員などを踏まえて会場を決めることになる。会場に関して重要なことは、会場をどのように設定するのかであり、学習の場づくりと学習の展開は、切り離すことができない関係にあることを理解したい。

事業規模や学習方法と関わることだが、マイク設備の有無に加え、パワーポイントが多用されることからパソコンやプロジェクター、スクリーンの有無、DVDを使用するする場合は、パソコンで対応可能かどうかを確認する必要がある。ソフトによってはDVDプレーヤーが必要となる場合もある。

会場にこのような機材が設置されていたとしても、担当者が使い方を理解しておかなければならない。ウイルス感染を避けるために、USB などの外部メモリーの持ち込みを不可とする場合もあるだろう。また、講師が自分のパソコンを使用することがあるが、プロジェクターとの接続が可能かどうかも事前に確認しておきたい。できれば実施日前にデータを受け取り、本番前にチェックしておくことが望まれる。

　準備状況の確認には、**資料7**のチェックリストなどを参考にしてほしい。

④ 講師との打ち合わせ

　事前準備で重要なことは、講師との打ち合わせである。講師との関係づくりは依頼の時点から始まっており、単発の講演会などであれば、依頼時点である程度の打ち合わせはしているだろう。だが、申し込み状況を伝えるとともに、配付資料の確認など、やるべきことは少なくない。参加者の属性などに関心を持つ講師もいるので説明できるように備えておきたい。

　開催日の数日前に、今一度、日程・会場などの確認メールを送信する必要があろう。筆者が社会教育主事として働いていた時、講師が来なかったという経験が2度ある。いろいろなことが起こることを想定する必要がある。

2　学習の導入からクロージングまで

(1)　初回の運営

　ここからは5回程度の講座を想定した学習の展開を考えていく。

　初回はベテランの職員でも緊張する。ましてや初参加する学習者にとっての不安や緊張はかなりのものだ。「人生100年時代」、定年前後のシニア向けの講座が各地で開催されている。そうした場には硬い表情で腕を組み、人を寄せ付けないオーラをまとう男性もいる。ちょっとしたアイスブレイクで少しでも雰囲気を和ませた後の方が、主催者挨拶やオリエンテーションなどの話も届くのではないだろうか。進行役が一言、「お隣や前後の席の方と初めましてとあいさつして握手しましょう」と言い、数人と握手するだけでも会場の雰囲気がガラリと変わる可能性があるので、ぜひやってみてほしい。

第6章　学習プログラムの展開　97

初回には、趣旨説明や学習の展開に関するオリエンテーションと、写真撮影や欠席連絡、当番制をとるのであればその役割などについての運営オリエンテーションを、資料を活用しながらわかりやすく進めていきたい（**資料8**）。可能であれば簡単な自己紹介や参加動機などを話すことで、学び合う仲間づくりの第一歩としたい。初回から講師を招いている時は、オリエンテーションのため通常より学習時間が短いことを講師にも伝えておく必要がある。

(2) 毎回の運営——学習の継続性の確保

単発の講演会とは異なり、講座はストーリー性を持った複数回の学習を積み重ねていくものであり、各回の学習を次の回の学習につなげていくことが主体的な学習にとって重要となる。

① 学習の展開

導入として、ふり返りシートなどを使い前回の学習のふり返りから始め、今回の学習テーマとの関係を意識することで、学習が継続していることの意識化を図る。なお、初期の講座段階で学習者同士の関係がうちとけた状況でない場合は、アイスブレイクなどで学び合う関係づくりを進めたい。

続いて、テーマに応じて準備された多彩な学習方法を活用した学習を展開する。講義やグループ討議など、それぞれの学習方法が持つ強みを踏まえ、学習内容に応じた学習方法を選択・組み合わせることが、学習を深めていくことにつながる。学習者の学習支援にとって重要な意味を持つ机の配置についても、学習方法と一体的に考えていくことが大切である。

そしてクロージング、学習が学習者にとってどのようなものであったか、疑問などについてふり返ることでその日の学習が終了する。講師との質疑応答も学習支援となる。ワークショップであれば、やりっぱなしにはせずに丁寧にふり返ることが必要である。ワークショップは何となく楽しかった、で終わってしまう場合があるが、もう一歩踏み込んで気づきや疑問を出し合い、他の学習者との違いや共通点を確認することで、自分自身の感情の動きや考え方を認識することができる。また、問題意識の共有化が図られる可能性がある。そして、次項で触れるが、書くことによるふり返りにつなげていくこ

とも考えたい。

② ふり返りシートの活用と講師との関係づくり

　大学の授業においてもリフレクションペーパーやコメントシート等々（以下、シート）、名称は様々であるが、その日の授業をふり返り、感想や疑問を書くことがしばしば行われている。自らの学びや気づきを書くことを通して確認することができる。このことは生涯学習の講座においても学習を深めるために重要なことであり、多用されている。

　シートはまた、学習者にとって自らのふり返りだけに止まらず、他者の気づきなどから新たな気づきを得る機会ともなる。職員時代、大半の講座では「一口メモ」（約 12 cm × 9 cm）と名づけていたシートを使い、次回にそのまま印刷して学習者に配付した。この程度のサイズであれば A4 版に 4 枚貼ることができ、時間もかからない。

　シートの形式は**資料 9**、**10** のように様々であり、学習者の学習の深まりや広がりを支援するツールとなる。自治体や施設固有のシートを用意し、すべての主催事業に使用することで、事業評価に役立てていく考え方もある。

　学習者が記入したシートは担当者や講師らにとり、学習の展開をふり返る重要な資料であり、特に講師が継続する場合は学習の継続性を確保するために、シート内容を踏まえ次回の学習をつくることが求められる。異なった講師の場合でも、それまでの学習の経過を伝える際の貴重な資料となる。

　シートに書かれた学習者のコメントに学習内容なども加えて作成されたものが、**資料 11** の西東京市柳沢公民館の「みらい大学通信」である。限られた期間内に作成することは、担当者としても苦労することでもある。こうした「通信」が持つ意味は、学習者・担当者・講師らのふり返りや新たな気づきなどに留まらず、学習の積み重ね・継続性を確保する資料となるのである。

　手間と時間がかかることではあるが、こうしたことに丁寧に取り組む担当者の存在は、学習者の学び合いを深め、講師らを担う立場の人の意欲をより高めていくのではないだろうか。

③ 欠席者への対応

　長期の講座であればあるほど、自分や家族の健康状態などからやむを得ず欠席する可能性が高くなる。欠席が続くと参加しづらいと感じてしまうこともあるだろう。欠席者にどのように働きかけるのかということは、学習支援の視点からも重要な課題である。欠席連絡の電話やメールへの対応は、「状況が許したら参加してほしい」という担当者の想いを伝えるとともに、通信を郵送しつつ、学習の様子を知らせていくことが求められる。

　事例 5 の荒川コミュニティカレッジの担当者は、学習者のことを驚くほど把握している。長期の事業だからということだけではなく、理解しようと努力している。欠席した回の学習の様子を丁寧に伝えることで、「待っている」という担当者の想いを学習者は受け止めていることだろう。

　長期の講座に限らず、短期であれば 1 回の欠席の持つ意味はより大きいと言えるかもしれない。通信が持つ学習支援機能の発揮を期待したい。

(3)　講座の終わり方と最終回の運営

　どのような講座でもクロージングがある。クロージングは次の学習や活動につなげていく上で、大切に考えていきたい。実施回数に余裕があれば、最終回は講座全体のふり返りの回として設定することが望まれる。学習者にとっては、講座で何を感じ何を学んだのか、疑問に思うことは何なのか等々を学び合ってきたメンバーとともにふり返り、共有することで、次の展開に結びつけていくことも可能となるだろう。

　ふり返りの進め方としては、例えばとして、①一人ずつ講座全体をふり返りシートに記入し個人としてふり返る、②記入したシートを基にグループで話し合いながらふり返りを共有する、③グループでのふり返りでの気づきなどを全体で共有する、というように、個人から全体へという流れでのふり返りというやり方もある。ふり返りを中心としつつ、次の展開についてどのようにつなげていくかという課題を投げかけることもできる。

　講座の終わり方は学習の出口をどのようにイメージするかに関わっている。終了後の継続活動をイメージするのであれば、担当者としては自主グループ化を念頭に毎回を運営することが求められる。「課題がたくさんあるので講

座後も学んでいきたいですね」といった言葉かけや、先にも触れたが毎回の講座運営における受付や進行などの役割を学習者自身が担っていくということも、自主グループづくりにつながる。

しかし、自主グループは簡単にできるわけではない。特にシニア男性を中心とした講座の場合はその傾向が強い。また、最終回にふり返りの時間がとりにくい短期の講座の場合は、もう一度、集まって感想などを話し合うことを提案してみてはどうだろうか。もちろん担当者からではなく、学習者からの自発的な提案が望ましい。そうした雰囲気を醸し出していく担当者の働きかけも、大切な学習支援の営みだと言えるだろう。

3 学習方法と空間のデザイン

学習内容と学習方法は分けて考えるものではなく、机や椅子の配置についても、一体的に考えていくことが学習の展開にとって重要になってくる。

(1) 多様な学習方法の活用

あるテーマについて学習しようとした時、どのように学習を進めていくのか、この両者を一体的・トータルに考えることで、学習をより深めていくことが可能となる。学習方法にはそれぞれ「向き・不向き」があり、そうした特性を理解し講座の趣旨や学習内容に合わせて効果的に組み合わせていくことが、講座運営を担う講師や担当者には求められる。

学習方法は講義型学習と参加型学習（参加体験型学習）の2つに大別することができる。前者はある一定の人数を対象に同時に知識や情報を提供することができ、後者はグループワーク、ワークショップという言葉からも感じられるように、動きのある対話や交流を通した自己理解や相互理解、合意形成、課題の共有化などが期待できる。

近年はワークショップがビジネスや芸術など、各種分野で活用されている。特に自治体が取り組むまちづくりの分野では、市民参加によるまちづくりを目指して多用されている。こうした場では参加者の主体性とメンバー間とで生み出す共同性が、ワークショップを成立させる要件となり、進行を担当す

るファシリテーターの力量が問われることになる。

　「主体性」と「共同性」は学習支援においてもキーワードと言える。学習者の学習関心を引き起こし、自らを学習の主体者に形成し、さらには人と人が関わり共同性を獲得していく支援として学習方法を捉えていきたい。

　ワークショップは無数にある。**資料12**にいくつかのワークショップ名を記載したが、それぞれの特性を理解し活用することで講座を活性化し、学習の広がりと深化、そして共同性を育む支援につなげていきたい。前述したように、ワークショップではふり返りが大切であることを忘れないでほしい。

(2) 話し合いの基本

　学習方法の中で最も基本となるものは話し合いである。とりわけ、少人数でのグループ討議は参加型学習の基本と言える。**事例13**で取り上げた西東京市の公民館講座では、グループ討議の際に「聴こう・短く話す・書き留める」が黒板に書かれていた。筆者も以下の「話し合いの基本」を書いた用紙を机上に置き、グループ討議を進めたことがある。

- テーマや課題からそれないように
- 一人で話しすぎないように
- 一般論も必要だが、「私は」という主語で話す
- 人の話を丁寧に聞き、場合によってはその話の背景を考えながら聞く
- 話し合いには意見を出す時期と、意見を整理する時期がある

　学習を深めるための話し合いをただのおしゃべりにしないために、話し合う前に自分が話したいことをメモする、勝手に話さないようトーキングオブジェクトを持っている人だけが話す、タイマーを使用する等々、工夫が必要だ。大学の授業においても、話し合いの基本を体験的に学ぶために「合意形成のトレーニング——ダイヤモンドランキング」（**資料13**）を実施している。

　討議グループをどのように構成するかについては、それぞれの考え方があるだろう。一例だが、ある自治体の青少年委員の研修会で、委員経験を基に新任委員・中堅委員・ベテラン委員ごとにグループをつくり、他のグループへの質問を考え質疑応答したことがある。近い立場同士で課題を出し合い、

課題解決に向けて意見交換することで、委員としてのミッションやスキルの継承を図った。講座でのグループづくりの視点としては、年代、性別、居住地、学習や活動経験などが想定できる。討議課題によっては男性のみ・女性のみ、年代別を組み合わせるなども考えられる。逆に無作為に到着順、くじ引きも考えられる。特にグループ活動を重視する場合は慎重に考えたい。

（3）学びの空間デザイン

生涯学習の講座は研修室や会議室を会場にする場合が多く、通常は前向きに机と椅子が置かれている。グループ討議であれば、ごく自然に2本の机を寄せて4〜6人での話し合いをしている。私たちはごく当たり前のように机を移動し会場づくりをしている。

当たり前にやってきたことを、学習内容・方法に机や椅子の配置を加えた学びの空間デザインというトータルプロセスの視点から考えていくことは、学習の展開にとって重要な意味がある。

資料14では、机と椅子のいくつかのレイアウトを紹介している。学習の展開に合わせて選択し、必要に応じて動かしていくことも学習のトータルなデザインの視点である。様々な学習方法と同様に、それぞれの特性を生かした学習空間デザインは、学習の広がりと深まりに大きく関わるものである。

確認問題
（1）事前準備で重要だと思うものを3点挙げ、その理由は何か。
（2）連続する講座では、なぜ学習の継続性を確保することが大切なのか。
（3）ワークショップはなぜ楽しいだけではだめなのか、その理由は何か。

より深く学習するための参考文献や資料
・堀公俊・加藤彰『ワークショップ・デザイン』日本経済新聞出版社、2008年（2017年に12刷を迎えたが、その理由を手に取ることで感じてほしい）。
・中野民夫『学び合う場のつくり方』岩波書店、2017年（大学での参加型学習の展開を中心に書かれているが、「場づくり」の大切さを実感できる）。
・青山学院大学社会情報学部では、約3カ月、120時間の大学で理論と実践を学ぶ「ワークショップデザイナー育成プログラム」を実施している。

事例 11　学校と創る家庭教育学級「人権学習プログラム」

1　「人権学習プログラム」

　栃木県栃木市の家庭教育学級は、①子育てや家庭教育に必要な知識や技能・態度の習得、②親同士の情報交換や交流、③子育ての悩みや不安を共有してよりよい解決を目指すなどをねらいとし、公民館や学校を会場に、生涯学習課が主催する主な事業として開設されている。しかし近年、県・市町の主管する生涯学習課の予算配当が少なく、本市では、食育・子育て講話・親学習などのテーマの中から各学校が選択し依頼する出前講座方式で家庭教育学級が実施されている。そこで本稿では、家庭教育学級のプログラムを次に示す5点から改善した「人権学習プログラム」の実践事例を紹介する。

2　実践内容とその工夫

⑴　学習プログラムの特徴

　①市生涯学習課と学校の共催とし、家庭教育の学習機会を提供するだけでなく、学校理解と学校参画の視点を踏まえたプログラムの改善を図る。

　②保護者同士の学び合いや交流の場を設けるとともに、市の生涯学習・学校支援ボランティアとして活躍する様々な団体に活躍の場を提供する。

　③学習スタイルを一方通行の学びにせず、学習者同士の学びを深め合える参加型学習を積極的に取り入れる。

　④学校で開催するメリットを生かし、児童と保護者がともに学び合う場面を設定し、多様なプログラムと親子のふれあい活動の場を提供する。

　⑤学習内容を広く受発信し、より多くの保護者に学習内容を発信する。

⑵　人権学習への課題と改善

　社会教育における人権学習は、障害者・外国人・同和問題などの人権課題を専門家のレクチャーを中心に行われ、グループ協議でその内容を分かち合い、ふり返る学習スタイルが中心であった。これでは、学習者の本音が聞き出せず、教える側と学習者の関係が常に一方通行であることが課題であった。そこで、

学校で行われるメリットを生かし、いじめ問題をテーマに、次のような人権教育のプログラムの改善を試みた。
  ① 家庭教育オピニオンリーダー（生涯学習支援者）に、いじめをテーマにした心理劇を演じてもらい、親子で鑑賞する。
  ② 子どもたちや参加者のストップモーションをヒントに、いじめのどこに問題があるかを率直に出し合い、児童・保護者を心理劇に参加させる。
  ③ 子どもたちが退出した後、学習者の親たちと演劇を演じたオピニオンリーダーとふり返る時間を設ける。

(3) 親子人権学習「いじめをみんなで考える」

1．ねらい 　家庭教育学級の「人権学習会」を学校と協働で開催することを通して、いじめ問題を親子で考える人権学習の機会をつくり、人権意識の高揚を図る。また、保護者が地域の家庭教育の支援者であるオピニオンリーダーとの交流を深め、子どもたちをともに育てる地域づくりに寄与する	〈参加者〉 　320名（5・6年児童・教員・保護者・ボランティア他） 〈時間〉 　90分（児童45分＋保護者45分） 〈場所〉 　体育館

2．プログラムの内容
(1) 家庭教育オピニオンリーダー会による「いじめ」をテーマにした心理劇を親子で鑑賞する。
  ・授業中・休み時間・下校時・放課後の場面。
  ・先生の対応・いじめられっ子A・いじめっ子B・クラスメート・家庭での様子など。
(2) 気になった場面を巻き戻して指摘する。
  ・ファシリテーターから参加者へ質問をする。
  （どこが問題かを指摘する・先生の対応・家庭での親子関係・傍観者の子どもたち・いじめられっ子の態度をどう思うかなど）
(3) どうすればよかったのかを指摘する。
  ・リプレイでオピニオンリーダーが演じる。
(4) オピニオンリーダーのファシリテーターが「A君の味方になってくれる子どもたちは？」と呼びかけ、ステージへの登壇を促す。
  ・子どもたちが次々とステージに上がり、A君の周りに集まる。
  ・ファシリテーターから児童の感想を聞く。

「いじめ」の心理劇

(5) 児童は教室に戻りふり返りをする。
- 感想を書く
(6) 保護者とオピニオンリーダーがふり返りを行う。
- 心理劇の感想を話し合う。
- 日頃の子育ての悩みや課題を出し合う。
- オピニオンリーダーの活動を紹介する。
- 学校での人権教育の取り組みを紹介する。

3　成果と課題

(1) **参加者の感想から**
- 「いじめの問題を大人と一緒に考えることができた」「いじめっ子も本当は、家でつらいことがあったことがわかった」「見て見ぬふりをしないで、勇気をみんなで出すことが大切だと思った」（児童）
- 「いじめは、子どもたちだけの問題ではなく子どもを取り巻く大人達の問題でもあると気づかされた」「最後に、参加者であった子どもたちがいじめられっ子を守る決意をしてステージに登る姿を見て感激した」（保護者）
- 「保護者との情報交換で学校の先生方や保護者の生の声を聞くことができ、今後の活動に参考になった」（オピニオンリーダー）
- 「子どもたちがいじめの問題を真剣に自分たちの問題と捉えていたことに感心すると同時に、自らの学級経営を見直すよい機会となった」（教員）

保護者も子どもとともに観劇

(2) **家庭教育学級を学校と協働で行うことの効果**
　①学校の人権週間に合わせて親子人権学習会を家庭教育オピニオンリーダーと協働したことにより、社会教育のプログラムをより効果的に学校教育に生かし、児童の学びと保護者の学びを共有することができた。

②子どもたちの率直な疑問や意見、行動に触れたことにより、保護者がいじめの原因を学校生活の人間関係のみに押しつけず、家庭教育の問題にも目を向けることができ、学校と家庭が、ともに課題を解決すべき当事者であることに気づくことができた。

(3) 協働をコーディネートする際の課題

①学校教育のねらいと家庭教育のねらいを共有し、プログラムの流れを確認するなどの事前の打ち合わせの時間や場を調整することの難しさを感じる。

②学校のカリキュラムに合わせると、45分の時間内で学習活動を収めることが連携の鍵となる。また、保護者等の参加者のふり返りの場が体育館という制約があり、時間と場の制約もある。

③いじめ問題を学校全体で取り上げ、保護者を交えて向き合うことに学校側には、少なからず抵抗感がある。

④劇を演じるオピニオンリーダー（学習支援者）の高いスキルが要求される。先生方やスクールカウンセラーなどの専門家との意見交換を通して、プログラムを工夫・改善し、学校の実態に合った支援の必要性が求められる。

4　学びから行動へ

　地域には外国籍の児童が多く、車椅子の児童や発達障害の児童もいる。子どもの体験不足や人間関係づくりの未熟さ、保護者の育児放棄・虐待などの課題と直接向き合う学校現場に、地域の教育資源や社会教育のノウハウを生かせば、問題解決ができるのではないか。隣接する公民館・図書館・隣保館などの社会教育施設や社会福祉施設、社会教育団体・地域ボランティアとの協働は「社会に開かれた教育課程」の実現を目指す学校経営の課題でもある。

　生涯学習・社会教育に携わる職員には、学校教育と連携・協働することにより、実践の場が提供されることや、学校はこれらの課題を粘り強くともに解決する「よきパートナー」であることを忘れないでほしい。

鈴木廣志　栃木市立大平中央小学校長（2017年4月〜）。1997年から2008年、栃木市教育委員会生涯学習課・栃木県教育委員会下都賀教育事務所にて社会教育主事として、主に人権教育、学校支援ボランティア活動を担当。

事例 12 協働でつくる「豊島区若者支援事業ブックカフェ」

1 NPO法人との協働事業 「豊島区若者支援事業ブックカフェ」

　豊島区若者支援事業は、2011年に豊島区生涯学習センターモデル事業として NPO法人との協働事業により始まったものである。2013年からは図書室を改装した「ブックカフェ」を地域と若者をつなぐ場として開き、NPO法人いけぶくろ大明と豊島区の協働で取り組んでいる。まずは、このブックカフェのある「みらい館大明」という施設を紹介したい。

⑴ 「ブックカフェ」のあるみらい館大明とは

　豊島区には、「みらい館大明」という閉校になった小学校を活用した生涯学習施設がある。2005年に地域住民によって設立されたNPO法人いけぶくろ大明が、豊島区から無償でこの施設を貸与され、自主管理・運営を行っている。大きな特徴として、この地域や施設に深い愛着を持つ地域住民の手で熱意をもって運営されていることが挙げられる。その熱意が直接運営に携わっているわけではない方々にも伝わり、地域の施設として愛着を感じ、見守ってもらえていることが施設の運営をスムーズにしているといえる。

　また、学校というロケーションを生かし、3階部分をテレビや映画、雑誌などの撮影に積極的に貸し出している。条例に縛られない緩やかな条件で部屋を貸し出すことができるため、使い勝手がよく利用率も高く、経営面でも黒字運営が続いている。そして、小学校として使用されていた頃から続く花火大会やお正月まつりなど、地域の人が交流できる事業をはじめ、生涯学習の入り口となるような講座などの事業展開も行っている。閉校施設は、ランニングコストが高く、行政にとっては活用に頭を悩ませる存在でもあるが、みらい館大明においては、施設運営に対して区からの補助もなく、自立した運営が成り立っているという全国的にも稀有な施設である。区との関係は、「大家と店子」のイメージがぴったりで、つかず離れずいい塩梅である。

108 　第3部　学習プログラムのデザイン

(2) 協働事業で実施する意味とは

「豊島区若者支援事業ブックカフェ」をみらい館大明で行ったのには理由がある。1つは、みらい館大明には、大明小学校閉校と時を同じくして老朽化のため閉館となった青年館機能の担保が求められていたことがある。2つめは、施設の使い勝手のよさから、対象となる若者（特に演劇関係）の施設利用が多く、若者の提案した事業をみらい館大明全体で展開し、さらに地域へつなげていける可能性が高いことだ。3つめには、豊島区生涯学習推進計画を策定した際にエアポケットとして課題となっていた若者対象の事業を実施する必要があったことである。

本事業を協定書による協働事業とした理由は、区とNPO法人が「対等」に事業実施を遂行することができるかという挑戦でもあり、NPO法人の創意工夫によるしなやかな事業展開や地域でのネットワークの強さを期待したためである。さらに、はじめからすべての事業をスタートさせるのではなく、ともに必要な事業を考え模索しながら、トライ＆エラーを重ね、事業を育てていくことに意義があると考え、あえてこの手法をとっている。

(3) コーディネーターとつくるブックカフェならではの事業

ブックカフェには、年齢や関心も異なる個性あるコーディネーターが日替わりで常駐している。若者に寄り添い、ともに学びや気づきを深めていくことのできる伴走者としての役割を持ち、ブックカフェに足を運ぶきっかけとなるような事業の企画も行っている。

その中でも「ライフデザインカフェ」は、様々な職業の方をゲストに、職業に就いたきっかけや駆け出しの頃の様子、今も続く苦労など、ここでしか聞けない話を聞くことができるものである。この事業は、コーディネーター全員が関わり、大学で聞くことのできる就活に直結するものとは趣向を変え実施している。これまでに、コミュニティマネージャー、カフェオーナー、お笑い芸人、能楽師、整体師、助産師など若い世代が関心を持ちながらも、なかなか具体的な職務内容が見えづらい職業の方をお招きした。中でも、「一番身近な政治家、区議会議員のお仕事ってどんなこと？」を企画した時には、みらい館大明を地盤とする区議全員を招き、なぜ議員を目指すようになったのか、具体的な1日のスケジュール、プライベートなことまで引き出すことができた。若い世代にとっては遠いイメージだった区議会議員の仕事を自分たちの住む地域をよくす

るための地域密着型の仕事だと若者に気づいてもらうことのできた貴重な機会
だった。

2 役割分担と仕組みづくりが協働のポイント

　本事業を始めるにあたって、最も大事にしたことは、「何のためにこの事業
を行うのか」というミッションの共有である。行政とNPO法人という立場の
違いから、アプローチの方法は異なって当然ではあるが、目指すべき方向性を
明確にすることに努めた。みらい館大明の運営についての協定が年度ごととい
う事情もあるが、本事業も毎年協定を結び、区は、事業の全体調整に関するこ
と、NPO法人は事業の実施・場所に関すること及び地域活動、地域の人材の
活用に関することを担うことを定めている。

　本事業開始直後は、まずは事業方針や役割分担を確認し合うため、週に1度
の担当者会議、月に1度それぞれの組織の上司を含めた全体会議を設け、事業
方針や長期と短期の事業計画について密に話し合いを進めていた。事業が軌道
に乗った現在は、月に1度の担当者会議を読み替えた全体会議のみとなり、必
要に応じて上司を含めた会議を行っている。

　その全体会議では、区とコーディネーター間で情報の共有や事業の在り方に
ついて話し合う場を持っている。事業実施にあたっては、よかれと思って行政
が事業準備を整えすぎてしまっても、コーディネーターに自分事として事業を
捉えてもらえず、事業遂行の力がつかないこともある。思いだけでは事業はで
きないので、お互いに言葉に出して、さらに書面で工程を確認し合っていく過
程も大事である。つい親心のようなおせっかいで、すべてに手を出そうとして
しまったこともあった。待つという姿勢も大切で、そのさじ加減もとても難し
い。しかし、持続可能性のある事業にするために大切なのは、やってあげるこ
とではなく、できるように支援することであり、その仕組み（組織）を築くこ
となのである。ここで学んだ手法を、NPO法人のノウハウとしても蓄積して
もらいたいし、またその逆もしかりなのだ。

　その上で、お互いの持つ強み（行政の持つ公的なネットワークや広報力、NPO
法人の持つ地域密着度や柔軟性）や立場を理解、尊重し合う必要がある。場をつ
くっていくのはやはり「人」なので、何よりお互いの信頼関係を築けなければ
同じ方向を向いた事業展開も難しいし、立場や役割を理解、尊重し合えないの
ではないかと考えた。そのため、協働開始直後は、コーディネーターと一緒に

現場で事業運営をしたり、マメに顔を出したりすることを心がけ、お互いの使う言葉を翻訳する調整役を担うよう心掛けていた。

3　より豊かな学びあいの場にするために

本事業も、2018年度で7年目を迎え、コーディネーターも入れ替わりがあり、立ち上げ当初から関わってきたメンバーも少なくなってきている。そうなると、ベースにある「若者と地域をつなぐ学びあいの場」という目的が時に見失われているのではないかと感じることがある。

そこで、2018年度からの取り組みであるが、全体会議の他に、年度当初と年度末の年に2回、区の担当係の係長、社会教育専門職（本事業に直接関わりのない生涯学習指導員を含む）とブックカフェに関わるすべてのコーディネーターが一堂に会し、年度当初には、区からは担当事業の紹介、ブックカフェからは事業計画のプレゼンテーションをし、年度末には事業のふり返りをし合う場を設けることとした。発表と議論の場を担保することで、事業を言葉にする作業から、事業の省察ができるようになり、議論を重ねることで、互いの立場を理解し合える利点も生まれるのではと期待している。また、NPO法人には担保されにくい研修の場も区が積極的に紹介し、参加してもらうようにしている。まだ始まったばかりのこの2つの取り組みが、これからのブックカフェの未来につながるよう切に願っている。

岡田麻矢　豊島区文化商工部学習・スポーツ課社会教育主事。2002年入区、教育委員会と兼務。立上げから若者支援事業に関わる。

第7章 | 学習プログラムの評価

第5章で学習プログラムの企画を、第6章で学習プログラムの展開を学んできたことを前提に、本章では学習プログラムの評価について学んでいく。生涯学習における評価は学校教育とは異なり、学びの成果をテストなどにより点数で表すことは難しい。学校教育での評価との違いを踏まえつつ、学習者主体の学び合いの営みをどのように評価するのか、学習支援の視点から、その基本について考えていきたい。

キーワード 評価の指標、アウトプットとアウトカム、アンケート、記録を書くことの意味

1　評価の前提について考える

(1)　学習者による評価

　大学においては学生による授業評価も行われているが、小・中・高の学校教育における評価の基本は、児童・生徒の学習成果をテストなどにより数値化し、教員の教育活動やそのプロセスをふり返り、次の教育活動に生かしていくこととして捉えられている。「次の教育活動に生かす」ということを生涯学習での講座にあてはめて考えてみよう。講座に参加した学習者の学びのプロセスや成果を、講師や担当者が何らかの方法でふり返り次の講座に活かしていく、ということになるだろう。

　このように共通するところもあるが、しかしながら教育主体である教員が実施する評価と比べ、生涯学習における評価の主体は学習者自身であり、講師や担当者たちも主体であるという点において、大きな違いがある。生涯学習における評価は、学習の主体者である学習者自身の自己評価と学習者たちによる相互評価、そしてそうした評価を基にした講師や運営者などによる評価という構造に特色があると言える。

　また、学校教育においては学習指導要領に基づき、それぞれの学年ごとに習得すべき事項が定められている。全国共通のゴールが示されていることも、

生涯学習との大きな違いと言える。

(2) 地方自治体での評価の必要性

地方自治体においては行政評価が活発に取り組まれている。すべての事務事業について担当課による自己評価、その自己評価を部単位で評価・集約し、さらに行政評価担当セクションが評価し、最終的には市民や学識者を交えた評価委員会が評価し公表する、というように多段階での評価に取り組んでいる自治体もある。評価制度や仕組みは自治体により異なるので、ぜひ居住する地域の取り組みについて調べてみてほしい。

こうした一連の評価活動の結果の公表は、住民への説明責任を果たすことでもあり、情報公開という重要な意味がある。一方、行政内部においては事業の実施意義を確認し、予算獲得におけるエビデンスとなるものでもある。

しかしながら、計画ごとに進捗状況を確認し公表するなど、評価に費やす経費や時間などのコストから、職場においては「評価疲れ」という現象も起きているとの指摘もある。生涯学習の事業においても公金を投入することから、行政評価から逃れることはできない。

(3) 評価の基準

改めて評価とは何か。一般に、「品物などの価格を定めること。また評価した価格。善悪・美醜・優劣などの価値を判じ定めること。特に、高く価値を定めること」(『広辞苑』第7版、岩波書店、2018年)とされている。骨董品などを鑑定するテレビ番組が人気だが、異なった分野の美術品であっても金額という同じ物差しで価値を表すことは、とてもわかりやすい。

行政評価はあらかじめ設定された目標に対して、どのような施策をどれだけのコストを費やして実施したか、その結果、どの程度目標を達成したかについてできるだけ数値化して示すことが求められている。わかりやすくするために数値化は重要であるが、数値で表すことが困難な施策もある。評価には評価指標が必要となり、生涯学習関連事業の行政評価で用いられている評価指標も、やはり数値で設定されている場合が多いが、その大半は事業であれば参加者数であり、施設使用であれば稼働率となっている。

（4）アウトプットとアウトカム

　行政施策に限らず、予算や人員などの資源を投入（インプット）し、何らかの活動が行われ、何らかの成果が生み出される。生み出された成果はアウトプットとアウトカムに大別される。

　交通安全対策として、例えばガードレールを1km整備したことで、自治体内のガードレール整備率が50％になったと想定しよう。資源を投入し1km整備するという活動を展開したことで、整備率50％というアウトプットを実現したことになる。その結果、前年度と比較し交通事故が30％減少したという成果がアウトカムとなる。

　公民館がシニア世代対象講座を実施し、延べ100人が参加したということはアウトプット評価であるが、講座に参加したことで、生活や態度にどのような変容が起きたかがアウトカム評価となる。子育て支援の講座に参加したことで、「子どもの成長には個人差が大きいことを理解した」「子育てストレスが減少した」ということもアウトカム評価である。

（5）数量的評価と質的評価

　学習指導要領というゴールのある学校教育とは異なり、生涯学習においてはどのように評価指標を設定すればよいのか。また、アウトプットとアウトカムの関係やバランスを考慮しつつ、数量と質という視点も踏まえて、評価をしていくためには、何をどのように進めていけばいいのであろうか。

　例えば、活動発表を兼ねて開催したチャリティーコンサートで、寄付を100万円集めることを目標（＝評価指標）にしたとしよう。観客は1人だけとしても、その人が100万円を寄付してくれたら目標達成となる。しかし、100人の参加者が1人1万円寄付した方が、活動としては共感の輪が広がったと言えるだろう。「100万円」ではなく「共感の輪を広げる」という状態目標の設定が、アウトカム評価の基礎となることを参考に考えてほしい。

　事例14の「中米・ニカラグアの農業研修における評価の意味」は、短期的・長期的視点を踏まえ、数量では測ることのできない人間の成長という質的評価に焦点をあてている。ここでは「考える農民」になることが評価指標

として捉えられている。人々の意識や行動の変容に関わる学習に携わる社会教育関係者にとって、この事例から学ぶことは多いのではないだろうか。

2　生涯学習事業の評価

　生涯学習の事業においても、様々なかたちで評価が行われている。評価のための評価に陥っていないかという問題意識を持ち、やりっぱなしにすることなく、評価は生かすことで初めて意味があることを忘れてはならない。

(1)　評価の時期

　評価を行う時期は、大きく3つに分けられる。

　　①事業実施前→評価が可能な目標設定と評価指標を作成する。
　　②事業実施中→ふり返りシートを活用し、実施プロセス、展開状況を検
　　　証する。学習者にとってはふり返りシート記入自体が学習となる。事
　　　業の最後に学習者相互でふり返ることで新たな気づきにつながる。
　　③事業終了後→学習者のアンケートなどを材料に、アウトプットとアウ
　　　トカム、数量的・質的視点で評価する。

　事例13の「西東京市公民館の評価の構造」では、多角的視点からの重層的な評価活動が書かれている。①の段階で講座担当職員による企画書案が公民館運営審議会（以下、公運審）で審議され、②の段階ではふり返りシートなどを基に職員が評価し、③の段階では職員の自己評価を公運審が2次評価する、という仕組みとなっている。評価の視点としては、「学びの達成や発展」から「誰もが学べる学習機会の提供」まで6項目を挙げ、それぞれに評価内容と実績指標を掲げている。また、単年度を基本とした行政評価との対抗軸としての「長期的視点で人づくり」という考え方は、学習機関としての公民館にとって欠かすことのできない指摘だろう。

(2) 講座終了時のアンケート

　講座や各種イベントの終了時のアンケートは、ごく当然のように行われている。参加しての満足度やどこで知ったかなど、あまり考えずにアンケートを取ってはいないだろうか。評価、とりわけアウトカム評価を考えた場合は、学習者の意識や想いの変容にも触れることになることから、丁寧に取り組んでいくことが望まれる。評価には材料（根拠となる資料）が必要だ。

　講座実施中、毎回の講座の終わりにシートを記入し、学習をふり返るとともに、その内容を講師や運営者が学習の展開の確認などに生かしていくことについては第6章で述べたとおりである。これらの営みは学習のプロセスに評価が組み込まれていると捉えることができ、評価活動の一環と言える。

　終了時のアンケートの形式は多様であり、すべての事業で同じ形式のものを使用している施設もある。**事例5**の「荒川コミュニティカレッジ」の担当者は、毎回のシートを丁寧に読むことで学習者の想いや考え方の変遷を把握するとともに、終了時のアンケート内容とつなげて読むことで、学習者をより深く捉えて、講座終了後においても学習支援者として関わっている。

　資料15は**資料10**でも紹介した西東京市柳沢公民館の「地域づくり未来大学」で実際に使用されたものである。項目としては多い部類に入るアンケートであり、選択肢については4つで構成しており、5段階評価と比べ、あいまいさを避けている。このアンケートの特徴としては、満足度を問う質問については理由を記述することを求めている点を挙げることができる。書き手としては満足度を確認するために学習をふり返り、加えて選択の理由を書くことで、選択したことへの自らの責任を明らかにすることになるだろう。

　講師や担当者にとっては、満足度の理由を知ることは大きな意味を持つ。満足度をより高めるための改善策の検討に生かすことができるからである。

(3) 終了後の自主活動と評価

　講座をきっかけに集まったメンバーによりサークルが結成され、学習や活動を継続していくことは充実した講座運営の成果とも言え、担当者にとってうれしいことだ。自主活動を支援することは職員にとっても働きがいのある

取り組みだろう。

「男性改造講座」を担当して5年目の時、もう一人の担当書と講座終了後に男性によるサークルが生まれることを目標にして運営したことがある。講座内でも心と身体をほぐすワークショップや意見交換を幾度も行い、毎回の講座の後には居酒屋やカラオケボックスのパーティールームで話し合った。その結果、20〜60歳代男性による「パスポート」というサークルが結成され、毎月の例会に加え次年度の講座の企画運営を担うことになった。

数量的評価としてはサークルが1団体誕生したに過ぎないことではあるが、質的評価の視点からは、大きな意味を持つと言えるのではないだろうか。

(4) 期間をおいての評価

生涯学習においては学習と活動のつながり自体が重要な評価の視点となる。災害ボランティアをテーマとした講座であれば、講座後、サークル結成に向かうだけではなく、居住する地域の防災組織への加入や防災士になる講座を受講するなど、いくつもの展開が考えられるだろう。

講座で学んだ人々がその後どのような学習や活動に関わっているか、ぜひ確認したい。その後のことについてアンケートすることも学習支援につながる。また、ジェンダー問題学習など、意識や行動の変容に関わる課題の場合は、数年後にヒアリングや座談会を開いて直接的に話し合い、改めて講座での学習を問い直していくことも可能だろう。その内容を「施設だより」などに掲載することは学習支援の視点からも意味あることだ。

資料16は、**事例12**で紹介したみらい館大明にて2019年3月に開催された「第2回学習ネットワーク交流会」で使用されたもので、第1回以降の10カ月余りの学びを検証するためのシートである。文字化することで長期にわたる学習をふり返り言語化し、それを基にグループで学び合いを深めていく。こうした取り組みも学習支援につながる評価活動と言える。

アウトカム評価や質的評価には、丁寧に尋ねることと、それなりの期間が必要であるということも踏まえることが求められる。

（5）協力者による外部評価

　筆者が施設勤務時代、講師としてお世話になっていた学識者5名ほどを招き、講座内容や施設の方向性について何回か話し合ったことがある。こうしたことも評価活動と言えるだろう。学習者、自主サークルのメンバー、講師、担当者等々と、立場は異なるが、それぞれが評価の主体であり、その評価を重ね合わせることで見えてくることがあるのではないだろうか。

3　記録を書くことの意味

（1）学習としての記録の作成

　「学び合うコミュニティを培う」「市民の学び合いを支える実践力を養う」ことを目指した講座が実施されている。こうした場では自らの実践をふり返り、整理し、語り・語り合い、聴き合い、実践記録として書く営みが展開されている。

　公民館の講座でも、講師の講義概要やふり返りシートの抜粋などを中心に報告書や学習記録が作成される場合がある。限られた学習者だけではなく、学習内容を広く伝えていくためにも報告書などが作成されている。

　実践記録を書くことと報告書を作成することは、同じことなのだろうか。実践記録を書くことは自らの実践を評価する営みであり、学習そのものであると言える。報告書は誰が作成するかに関わることではあるが、担当者がルーティンワークとして作成するのであれば、単なる報告書で終わるだろう。しかし、編集委員会を設置し学習者が他のメンバーとともに講座をふり返りながら作成するのであれば、学習活動として捉えることができる。

　以前、女性を対象とした「女性大学」という全23回、夜間開催、宿泊研修ありという事業を担当していた。前期の参加者から企画運営委員を募り、市民が学習プログラム作成から講師との打ち合わせ、毎回の運営を担うというもので、委員の大半は前期の記録作成を担った編集委員が占めていた。記録作成という学びのふり返りを次のプログラムづくりと学習の展開に生かす取り組みである。講座の参加者から編集委員、そして企画運営委員という2年

がかりの学習の中で、メンバーとの共同性を育みながら自らを学習の主体者に形成していくという循環がそこにはあった。

報告書でも記録でも名称に関わらず、作成すること自体が学習であり、その学習成果がプログラムの改善に生かされるのであれば、評価の営みでもあると捉えることができる。

(2) 担当者が書くことの意味

改めて「書く」ということには、どのような意味があるのだろうか。例えば実践記録を書くにあたっては、実践自体をふり返り見直すという段階があり、あいまいに感じていた事柄を文字にすることで明確化することができる。このプロセスは自分自身や自らの変化を受け入れていくことにつながり、自尊感情を高めることにもつながるだろう。

一口に社会教育関係職員と言っても、また、第4部で学ぶ学習支援者も立場は多様であり、誰もが困難を抱えていることだろう。だからこそ担当事業をやりっぱなしにはせず、書くことで自己を形成し力量を高めることが求められる。報告書作成が職務としては求められてはいないとしても、また、公にはしないとしても、書くことに取り組んでほしい。それは自らの主体性を築き、学習者との豊かな共同性を育むことにきっとつながるからである。

確認問題
(1) 居住地の自治体の行政評価の仕組みを調べ、その必要性と課題は何か。
(2) 市民対象の講座の評価指標を挙げ、その理由はどのようなものか。
(3) 学習支援者や学習者にとり「書く」ということは、どのような意味を持つか。

より深く学習するための参考文献や資料
• 国立教育政策研究所社会教育実践研究センター『社会教育計画ハンドブック（計画と評価の実際）』2012 年
• 2015 年度より、「学び合いを支える実践力を培う　コミュニティ学習支援コーディネーター養成講座」が、東京学芸大学公開講座／東京都公民館連絡協議会研修として実施されており、学習者による実践記録集が毎年度刊行されている。
• 社団法人全国公民館連合会『みんなに内緒にしておきたい　講座づくりのノウハウ』2011 年。有名な「行列のできる講座のつくりかた」も掲載されている。

第 7 章　学習プログラムの評価　119

事例 13　西東京市公民館の評価の構造

1　事業評価の骨組み

　西東京市公民館では地域住民にとってよりよい公民館となることを目指して、総合的な評価に取り組んできた。その特徴は3つある（構造は3つの視点から整理できる）。

　第1に、事業評価表（図）は年間事業の公民館主催講座の評価に限定せず、「学級・講座」「施設管理」「窓口業務」「長期的視点での人づくり」の4つの項目を設定し、多様な視点から「事業全体の評価」を目指していることである。

　第2に、事業評価者は、職員と公民館運営審議会委員とし、重層的な評価を目指していることである。職員は担当講座の報告書を作成し、自己評価によって1次評価を行う。公民館運営審議会会議では、職員が作成した主催講座の企画書案、報告書案を毎月審議している。委員は、それらの審議を通じ公民館事業を理解し、公民館事業の2次評価を行っている。

　第3に、行政評価の対抗軸となる「長期的視点での人づくり」からの評価である。評価は数字で表せるもの、例えば講座参加者数などは客観的な評価が可能である。一方、数値化しにくいものは、一般的に評価が困難と言われている。そのため、経年評価（長期的評価）が必要となるいくつかの指標を設定し、単年度の費用対効果の特徴を有する行政評価の対抗軸となりうる公民館評価を目指した。

2　学級・講座の評価

　西東京市公民館評価表は、職員たちによる研究会と議論を重ねて作成された。学級・講座の評価にあたり、内容を大きく7項目（A～G）に分類した。

　学級・講座の評価内容をさらにより具体的に評価するために、実績指標を設定している。それぞれの評価内容と実績評価について紹介する。

A　学びの達成や発展

- 学びの達成や発展の評価内容：達成感や学習者の価値観・生活行動の変容、新たな学びへのきっかけや継続につながる事業が展開できたか。相互に学び

合う関係性ができたか。

- 学びの達成や発展の実績指標：学びの達成、課題の発見や気づき、自己の意識や能力の変化、新たな学びへのきっかけ、相互学習。

B　地域課題学習の提供・学習ニーズの反映

- 地域課題学習の提供・学習ニーズの反映の評価内容：地域や市民の実態、学習ニーズを反映した事業の実施に努めたか。市民が参加しやすい工夫を凝らしたか。
- 地域課題学習の提供・学習ニーズの反映の実績指標：地域課題の取り上げ、市民ニーズ反映の内容、新たな利用者の開拓、教育計画の反映。

C　学習者の視点

- 学びの達成や発展の評価内容：学習者の視点に立った、適切な事業実施ができたか。
- 学びの達成や発展の実績指標：アンケートによるプログラム・講師・運営に対する学習者の満足度。

D　プロセス重視の運営

- プロセス重視の運営の評価内容：プロセス重視の事業企画・運営に努めたか。市民の主体性を尊重し、自治能力の向上につながる学習の支援ができたか。
- プロセス重視の運営の実績指標：実行委員会、準備会、参加型の学習（グループワーク・ワークショップなど）の工夫、学習成果の発表。

E　協働・連携の視点

- 協働・連携の視点の評価内容：協働や連携の視点で事業を企画・実施することができたか。
- 協働・連携の視点の実績指標：他部署、他課との協働・連携、他教育施設との協働・連携、地域 NPO などとの協働・連携、地域の人材との協働・連携。

F　だれもが学べる学習機会の提供

- だれもが学べる学習機会の提供の評価内容：社会的に制約を受けやすい人への配慮も含め、幅広い対象に向けて、学習の機会を提供することができたか。

- だれもが学べる学習機会の提供の実績指標：青少年対象・親子対象・子育て中の保護者対象・高齢者対象・障がい者対象・外国人対象などへ向けた事業実施・学習支援保育事業の実施。

G　学びの課題

- 学びの課題の評価内容：多様な地域課題や社会的課題に対して、解決に向けた学習の機会を提供することができたか。
- 学びの課題の実績指標：子育てに関する事業、環境に関する事業、人権、平和に関する事業、男女共同、生きがい、仲間づくりに関する事業などの実施。

3　これまでの成果と今後の展開

　公民館職員は、事業評価表（学級・講座）を通じて、担当事業の内容などを客観的に確認することで、次回の企画に生かしている。

　一方、事業評価表は、公民館職員及び公民館運営審議会委員にとって、事業改善に対する双方の共有資料として審議に活用している。

　今後の展開として、公民館事業評価を、単なる学習機会・学習ニーズ提供の評価に終わらせずに、学習者同士をつなげ、さらに学習者と場を結び、その学びを生かす場・機会をコーディネートすることで、学びの循環を地域につくり出すことを積極的に事業評価に取り入れることが必要であると思われる。

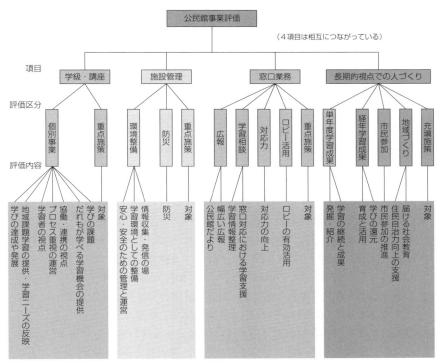

※重点施策：年度ごとに4、5点ほど設定され、「学校・講座」などの項目ごとに何点かの重点施策が設けられ、対象の欄に記載される。

西東京市公民館事業評価のツリー構造図

小笠原東生　西東京市公民館職員・公民館主事（2008年10月〜）。2017年4月から、昭和音楽大学非常勤講師として社会教育計画及び生涯学習概論を担当。

事例 14　中米・ニカラグアの農業研修における評価の意味

1　ハリケーンと農業研修

「私はもうハリケーンは怖くない。今の私の頭には知識があり、手には技術がある。これらはハリケーンによっても失うことはない」。有機農業を学習し実践してきたヘイディさんは、堂々と、そして生き生きと、その成果を発表した。

ヘイディさんの住む中米・ニカラグア共和国のプエルト・カベサス市はハリケーン被害の多い地域である。数年前のハリケーンで自宅損壊となり、しばらくは支援団体などから提供される物的支援に頼ってきたヘイディさんは、独立行政法人国際協力機構（以下、JICA）が提供する農業研修を知り、熱心に参加した。隣人たちは「JICA の研修に行っても食料も衣類も何ももらえないのに！」と彼女を嘲笑った。「私はそれまで人前で自分から意見したことはなかったんだけど、その時初めて『JICA は物ではなく知識をくれる』と言ってみたの。でも誰も取り合わなかった」とヘイディさんは当時をふり返る。「でもそのうち支援団体の援助がなくなっていくと、隣人たちは次のハリケーンを待ちわびるようになった。被害に遭えばまた支援物資がもらえるからね。でも私は違う。研修で学んだおかげで、ハリケーンを怖がらなくても待ちわびなくてもよくなったの。農業の知識と技術があれば、私は自分で自分の生活を再建できるわ」。ヘイディさんの笑顔は自信に満ちていた。

生涯学習の目的の1つは、学習成果を自分のものにし自身や地域の生活の改善に役立てることにある。このヘイディさんが参加した農業研修の事例から、生涯学習を評価する意味について考えてみよう。

自分の経験を力強く語るヘイディさん（右）

124　第3部　学習プログラムのデザイン

2　農村の生活改善のための農業研修概要と2人のプロモーター

「プエルト・カベサス先住民コミュニティ生計向上プロジェクト（通称"Tawan Ingnika" = 先住民ミスキート族の言葉で"民衆の光"の意。以下、TI）」では災害に脆弱で極貧状況にある農村において、2つのアプローチで生活の改善を目指す（下図参照）。住民は農業や生活に関する様々な研修への参加を通して知識・技術を身につけ、自身の生活をよりよくする。同時に、TIでは事業終了後の自立発展性を確保するために、「農民プロモーター」を育成する。このプロモーターが自分の村で「農民グループ」を組織し、研修の学びをグループで実践し、切磋琢磨し合い（集団思考）、自主・自立的な農民（「考える農民」）となることで、農村の生活が改善されることを企図するプロジェクトである（プロジェクト実施期間：2008〜2013年）。

農村の生活改善のための2つの目的と手段（筆者作成）

(1) 仲間とともに有機農業の実践（ヘイディさん）

ヘイディさんは農民プロモーターに選ばれ、農業研修で学び、以前自分を笑った隣人たちに惜しげもなくその知識を伝授し、グループを結成して今では地域で協力しながら有機農法を実践し、みなに喜ばれている。

ヘイディさんはまさに、学習成果を自分のものにし、それを生活に役立てている好例である。それだけでなく仲間とも共有し、地域の生活改

ヘイディさんとともに有機農業に取り組む仲間

事例14　中米・ニカラグアの農業研修における評価の意味　125

善に貢献したモデルケースと評価できるだろう。彼女の自立的な農民としての成長ぶりは目覚ましく、仲間からも尊敬され、現在は TI のプロモーター育成講座にて体験談を語り、後輩指導にもあたる、頼もしい存在となっている。

⑵　学習意欲に火が付いて……（エリサさん）

　ではヘイディさん同様、プロモーターに選ばれ農業研修を受けたエリサさんの場合はどうだろうか。エリサさんも土壌改良や家庭菜園など学んだことはすべて実践し、「町で買うものと思っていた野菜を自分で栽培できるようになって、とてもうれしかったし、食卓が豊かになって子どもも喜んでいた」と手ごたえを感じていた。仲間にも教え始めた矢先、その活躍ぶりを評価したある団体に、保健プロモーターにもなるべく研修に参加してほしいと誘われた。学校に通ったことがないエリサさんは保健衛生の知識も身につけられればもっと家族や仲間の役に立てるだろうと、その研修にも参加した。

　そこでさらに学ぶことの面白さに目覚めた彼女は、胸に秘めていた学校に通ってみたいという夢を思い切って夫に打ち明けた。バスで 2 時間先の町では、学校に通う機会がなかった成人のための識字教室が週末に開かれているが、エリサさんは通学を諦めていた。なぜなら夫は彼女の外泊はおろか一人で町に行くことすら一度も許したことがなかったからだ。初めての妻の懇願に強い意志と意欲を酌んだ夫は、ついに妻を信頼して週末 1 泊の通学を許可した。ようやく彼女は念願だった読み書きを学び始めることができたのだ。

　しかしエリサさんに期待していた TI 関係者はがっかりしていた。保健プロモーターの仕事と通学で忙しくなった彼女が、家庭菜園をやめてしまったからだ。「自給自足できれば生活は楽になるから、卒業すれば再開するつもり。でも今は勉強に集中したいの」と彼女は申し訳なさそうに言った。

　TI 側から見れば、農業プロモーターとして育成したエリサさんが、その仕事をしないだけでなく、個人での実践（家庭菜園）までやめてしまったのだから、期待外れだと意気消沈するのも無理はない。ではエリサさんのケースは失敗なのだろうか。

3　生活改善に資する多様な学びとその成果

　TI の活動成果（農業研修のアウトプット）を家庭菜園の数や活躍するプロモーターの人数などを用いて数量的に測る場合、ヘイディさんの事例は誰が見て

も非常に高く評価できるだろう。ではエリサさんの事例は低評価かというと、けっしてそうではないはずだ。

エリサさんも野菜数種の栽培技術を身につけたし、一時的ではあれ家族も生活のよりよい変化を喜んだ。それに力を得て彼女は保健研修への参加と通学を自主的に選択し、その彼女の前向きな変化を家族も認めサポートしたことによって、自己実現に邁進しているのである。つまり

研修では各自の経験を共有し、互いに切磋琢磨する

TI は農業研修を通じて、エリサさんの自信を醸成し、家族の理解や協力、信頼も深め、自主的に考え行動できる人を育てたのだ。これは数量的評価では測れない、人間の成長という質的評価が必要な側面である。

また評価には短期的視点と長期的視点の両方が求められる。現時点ではエリサさんは活動休止中だが、卒業後はおそらく農業、保健、識字の知識と技術を総合的に駆使して立派なプロモーターになり、仲間とともに生活改善に取り組むだろう。その証拠に彼女はこんな発言もしていた。「以前は野菜が育たなくても『ついてなかった』『残念だ』くらいにしか思わなかったけれど、農業研修に参加してからは原因を追究して、次は失敗をしないようにと考える習慣が身についた。もっと収量を上げるにはどうすればいいか、考えながら農作業をするのはとても楽しい。この楽しさをみなにも伝えたい」。これはまさに、TI が「考える農民」を育てたという紛れもない成果である。

人間は何歳になっても学ぶことができ、そしてそれを糧に人生をよりよく変えることができると、エリサさんは体現してくれている。長期的に見ればエリサさんはプエルト・カベサス市で輝く「民衆の光」となることだろう。

太田美帆　玉川大学文学部准教授。JICA 青年海外協力隊事務局技術顧問（コミュニティ開発分野）。世界各地の農村開発・生活改善関連の JICA 事業に携わる。

第3部のおわりに

　第3部では6本の事例が掲載されている。

　執筆者は男女共同参画をテーマとしたNPO法人のメンバー、学習支援をテーマとした市民ボランティアのメンバー、元社会教育主事の公立小学校校長、自治体の社会教育主事、公民館職員、そして大学教員でありJICA関係者というように多彩である。各章に2本という構成ではあるが、その置かれた章に限らず、「学習プログラムの企画・展開・評価」のすべての視点を念頭に読んでほしい。

　本文中でも一部触れたが、筆者の個人的な視点での事例のポイントについて書いていく。

　事例9の「ほっと越谷」は、市民団体が指定管理者として運営している施設である。指定管理者制度については、様々な問題点が指摘されているが、学び続けてきた市民によるNPO法人が運営する意味と可能性は大きい。

　事例10の教育委員会事業から生まれた活動が、大きく羽ばたき成長している様子はテレビドラマを見ているようである。実行委員と参加者がともに講座をつくることができるのは、市民主体だからではないか。

　事例11は社会教育主事経験者が学校長を務めることの可能性を、改めて示している。東京都では派遣社会教育主事制度を取らなかったが、そのことは現在にどのような影響をもたらしているのだろうか。

　事例12、東京の23区で働く社会教育主事の動きはなかなか見えにくいとの指摘がある。しかし、生き生きと活躍している社会教育主事がいることが読者に伝わったのではないだろうか。

　事例13、毎月開催の公民館運営審議会は、すべての公民館事業の企画段階と終了後の評価の一翼を担っている。委員と職員という立場は違っても、ミッションが共有されているからできるのだろう。

　事例14での「JICAはものではなく知識をくれる」というヘイディさんの言葉は、教育に関わる人々にとって、大きな希望を与えてくれるとともに、襟を正せと言われているようにも感じている。

第4部　学習支援者の力量形成

　生涯学習に取り組む人々が多様なように、生涯学習を支援する人々も多様である。生涯学習を始めようと思う人や既に取り組んでいる人に情報提供したり、相談に乗ったり、学習プログラムを組んだり、運営したり、成果をまとめたり、発信したりしている。また人々が学び合える環境を整えるための仕組みをつくったり、学び合いをつなげたりしている。生涯学習を支援する人々——本書では「学習支援者」と表現している——の立場も、活動の場も、支援する内容や場面、方法もひとくくりにはできないが、いわゆる「教える」こととは異なるアプローチで人々の主体的な学び合いを支援する重要な役割を担っているのである。

　生涯学習支援のデザインを描くためには、学習支援者の役割と力量形成、すなわち学習支援者自身の学び合うコミュニティをデザインすることが求められる。学習者の特性を生かす学習支援の在り方と、成人である学習支援者の学習の在り方は同じ構造で捉えられる。生涯学習プログラムの多様な内容・方法・評価について、学習支援者は自ら学び、体験し、レパートリーを広げていく。

　第4部では人々の豊かな学び合いを支える学習支援者の役割と求められる能力、およびそれをどう形成していくのか、そしてそうした学習支援者の力量形成を支えるコミュニティとネットワークについて学んでいきたい。

生涯学習支援についての学生と学習支援者との学び合い（ラウンドテーブル）

第8章 学習支援者の役割と求められる能力

生涯学習は多様な主体、内容、方法で展開されているが、それを支える学習支援者も、多様な人々が、多様な立場で、多様な役割を果たしている。本章ではそうした学習を支援する人々の種類と役割、求められる力について学ぶ。

キーワード 社会教育主事、社会教育関係職員、社会教育士、ファシリテーション、コーディネート、プレゼンテーション

1 学習支援者の種類と役割

学習支援者の役割を、「社会教育主事」「社会教育関係職員」「ボランタリーな学習支援者」という3つの立場から整理してみたい（**資料17**）。

(1) 社会教育主事

社会教育主事とは、都道府県および市町村教育委員会に設置が義務づけられている社会教育に関する専門職員である。社会教育主事は、社会教育法に規定された社会教育に関する専門的教育職員であり、都道府県・市町村の教育委員会事務局に置くこととされている。

社会教育主事は資格を有し、教育委員会に社会教育主事として任用されることでその名を称することができる「任用資格」である。社会教育主事になるための資格は、大学で所定の科目を履修、または社会教育主事講習の受講によって取得することができる。その上で社会教育主事として任用されるためには、都道府県・市町村教育委員会から発令される必要がある。

主な職務内容として、教育委員会事務局が主催する社会教育事業の企画・立案・実施、社会教育施設が主催する事業や社会教育関係団体の活動に対する専門的技術的な助言・指導、社会教育行政職員などに対する研修事業の企画・実施など多岐にわたるが、これらの業務を通して、人々の自発的な学習活動を支援している。近年では、これらに加えて学校教育行政との連携、多

様な組織・団体と協働した「地域づくり」「人づくり」の観点からの総合的な学習機会の提供など、新しい役割が求められるようになってきている。

一方で、社会教育主事は法律上必置とされているにもかかわらず設置率や人数は減少し、その役割や職務に関する首長や地域住民の認知度が低いなどの課題がある。近年地域での学習活動の広がりとともに多様な学習支援者が活躍していることから、社会教育行政の専門的職員として社会教育主事は「学習支援者の学習支援者」の役割を果たすことが期待されている。

(2) 社会教育関係職員

社会教育関係職員とは、社会教育や生涯学習の支援に職業として専門的に関わっている人々のことを指す。文部科学省が行う『社会教育調査』では、都道府県・市町村教育委員会（社会教育関係）職員の他、公民館（類似施設含む）、図書館、博物館、博物館類似施設、社会教育関連施設（青少年教育施設、女性教育施設、社会体育施設、民間体育施設、劇場、音楽堂等、生涯学習センター）職員が社会教育職員として位置づけられている。これらには専任（常勤）、兼任、非常勤職員、社会教育指導員[1]、嘱託職員、臨時職員、指定管理者の職員など身分も様々である。

人々の主体的な学習を多様な方法によって直接的・継続的に支援する重要な役割を担うのが社会教育関係職員である。社会教育行政全体に責任を持つというよりも、個々の市民や市民グループに対して学習支援を行う。例えば「公民館主事」[2]は行政が所管する社会教育施設である公民館の職員として職務を果たしており、年間計画や予算に則って、社会教育事業の企画・立案・実施・評価を行う一方で、自主的な学習活動などへの支援を行い、成人の学びや地域での活動を支えたり、他の機関や団体と協働したりするなど、学び合うコミュニティを支援する役割を担っている。

事例1、2、5、8、13、15、16といった社会教育関係職員によって書かれた文章を読むと、その職務や立場の多様性および学習支援者としての活動の重要性を理解することができるだろう。

(3) ボランタリーな学習支援者

近年、新たな社会的課題や地域課題が増大し、その解決のための学習の必要性が高まっている。地域の課題解決に向けて、住民が地域の実践を通じて主体的に学習し、つながりを築くとともに、その成果を新たな地域づくりにつなげていく取り組みが活発化してきている。地域社会における人づくり、つながりづくり、地域づくりを進めていくためには、地域住民が、自身の生活課題のみならず、地域社会の課題についても自らのこととして捉え、学習を通じて地域社会に主体的に参画し、活躍することが期待される。

地域における主体的な学習は、自主グループやサークル、地縁組織や市民団体、NPOやボランティア団体などのコミュニティが組織され展開されているが、そうした団体のリーダーや世話人などは、自らや同じコミュニティのメンバーの学習を支援する学習支援者と言える。

こうしたボランタリーな立場で学習支援に関わる人々の活動は広がりを見せており、一定の要件のもとに「生涯学習コーディネーター」や「地域学習支援士」「コミュニティ学習支援コーディネーター」といった名称で、行政や大学が資格や認証を与える取り組みも見受けられる。ボランタリーな学習支援者は、学習者や市民の立場で自発的な意思のもとに、自らグループを創設し仲間をつくって活動したり、他の団体の活動に参画し学習支援を行ったりしており、資金や人員の確保も、自らの責任で行い、成人の学びや地域での活動を支える役割を担っている。

ボランタリーな学習支援者の取り組みは、**事例3**、**7**、**9**、**10**で読み取ることができる。その熱意と意欲は非常に高いことが見て取れるだろう。

2 社会教育主事資格の活用～「社会教育士」の可能性

2020年4月から施行された新しい社会教育主事養成制度では、社会教育主事講習の修了証書を授与された者に「社会教育士（講習）」、大学等における社会教育課程において科目の単位の全部を修得した者に「社会教育士（養成課程）」の称号を付与することになった。「社会教育士」には、社会教育に

関する専門的な学習成果を生かし、教育のみならず、環境や福祉、まちづくりなどの社会の様々な分野における学習活動の支援を行う役割、地域の実情を踏まえ、社会教育主事などと連携・協働して活動を行うことが期待されている。

　社会教育士として活躍が期待される人々として、公民館主事など社会教育施設職員をはじめとした社会教育関係職員、地域の多様な領域の専門職および自治体職員、大学職員や企業のCSR担当者などが挙げられる（表8-1）。また、住民主体の地域づくりのためには、市民の社会教育の力の形成が不可欠であり、ボランタリーな立場で学習を支援する人々に「社会教育士」の称号を活用しうる。

表8-1　〈学びあうコミュニティ〉のコーディネーター

(1)〈学びあうコミュニティ〉のコーディネーター 　①社会教育関係職員 　　公民館主事、青少年施設・女性施設・男女共同参画センターなど社会教育関連施設の職員、 　　社会教育指導員など 　②地域の教育・自治・文化・福祉にかかわる専門職 　　保健師・看護師、児童館職員、ユースワーカー、社会福祉関係職員など 　③指定管理者やNPOの職員、ボランティア団体のコーディネーター 　　地域の教育・自治・文化・福祉の活動を学習面で支えるグループは、上記の専門職のほか指 　　定管理者やNPO、ボランティア団体があり、その学習活動を支援するコーディネーターの存 　　在がある。 (2)コーディネーターの役割・力量が期待される職 　①学校教員（含む幼稚園教諭） 　②大学職員 　③一般行政職員

日本社会教育学会編『学びあうコミュニティを培う―社会教育が提案する新しい専門職像』東洋館出版社、2009年、pp. 10-11

　学校教育においては、地域と連携した教育活動の充実が一層推進されており、地域学校協働活動は地域全体の新しい人づくり・つながりづくりの機会として期待される中で、「社会に開かれた教育課程」を実現する能力の育成のために教師や教職課程の学生に対し、社会教育士の取得が推奨される[3]。社会教育主事有資格者の配置・活用の先行事例として栃木県の「地域連携教員」制度、仙台市の「嘱託社会教育主事制度」があるが、今後こうした取り組みがさらに広がっていくことが期待される。

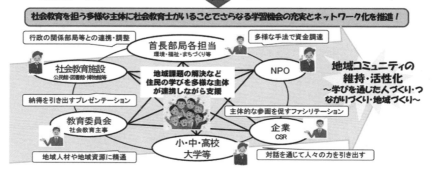

図 8-1　社会教育士について
中央教育審議会「人口減少時代の新しい地域づくりに向けた社会教育の振興方策について（答申）」付属資料

3　学習支援者に求められる能力

　社会教育主事や社会教育士の養成で目指し、重視されるのは、「NPOや企業などの多様な主体と連携・協働して、学習者の多様な特性に応じて学習支援を行い、学習者の地域社会への参画意欲を喚起して、学習者の学習成果を地域課題解決やまちづくり、地域学校協働活動などにつなげていくことにより、人づくりや地域づくりに中核的な役割を担う」[4]ことである。そのためにこれからの学習支援者に必要不可欠な能力として挙げられるのが「ファシリテーション能力」「コーディネート能力」「プレゼンテーション能力」の3つである。

(1) ファシリテーション能力

「ファシリテート（facilitate）」とは「容易にする」「促進する」という意味で、知識・技術を伝達するのではなく、学習者が主体的に学ぶことを促す際の支援の在り方を指す。ファシリテーター（facilitator）は学習活動の計画・進行・評価の決定者ではなく、学習者自身がこれらを決定していくことができるよう学習プロセスの支援を行い、主体的な参加・参画を促す。ファシリテーション能力は、参加体験型学習やワークショップ、アクティブラーニングなどの能動的な学習や少人数のグループ活動、会議や話し合いの進行など様々な場面において、対話や交流を通して人々の関心や力を引き出すことが求められる。

ファシリテーション能力にはワークショップやアクティビティなどの立案・実施技法が含まれるが、重要なのは学習者の理解と主体的な学習の支援であることを忘れてはならない。学習内容や対象との関連を十分に意識しながら目的や場面に合わせて使い分け、展開する必要がある。

(2) コーディネート能力

コーディネート（coordinate）の語句の意味は物事を調整し、まとめたり、様々なものを調和するよう組み合わせたりすることを指しており、コーディネーター（coordinator）は広義には物事が円滑に行われるように、異なる人や部門、組織の全体の調整や進行を担当する人を指す。近年、教育・福祉・環境・まちづくりなど多様な領域でコーディネーターの必要性が訴えられるようになってきており、その育成が図られている。

主体的な学習の支援という意味でファシリテーション能力と重なる部分もあるが、異なる背景・領域・立場の人や組織を結びつけ、課題や問題の解決に向けた連携・協働を促す力であり、学習課題の設定から計画、準備、実施、評価、その先の展開の構想といった学習の組織化の一連のプロセスに関わりデザインする機能を有している。

(3) プレゼンテーション能力

「プレゼンテーション（presentation）」は英語で、「表現」「提示」「紹介」「発表」「公開」という意味で、相手に対して情報を提示し、理解を得るようにするための伝達・表現の手段である。社会教育の取り組みの目的や意図、内容、方法、価値や意義などについて学習者や地域住民、連携・協働する関係者が理解できるように、目に見える形で示し説明する力である。

単なる発表・説明のスキルではなく、傾聴や対話を通じて相互理解を深める双方向のコミュニケーションを促す力を意味する。相手の状況を理解すること、伝えたい中身についての理解を深めること、わかりやすく伝わりやすい最適な表現や方法・媒体を考えることなどがこの能力の中に含まれる。

生涯学習の取り組みの意義や成果は数値で表わしづらく、社会的な評価を得にくい。学習プロセスを記録し、当事者以外の関係者にも分かるようにするなど「可視化」「見える化」することで、フィードバックが得られ、当事者にとっても新たな学習につながる可能性がある。

社会教育主事をはじめ社会教育関係職員など学習支援者の支援の役割は見えにくいこともあって、首長を含めて行政組織内や地域で適切に評価されていないことが少なくない。学習支援者が自らの果たす役割を明確に認識し、その成果を正しく評価した上で、意識的に発信していくことが必要である。

これら3つの能力は、重なり合い、響き合うものであるが「知っている」からといって「できる」とは限らない。学習者として、学習支援者として実際に活動する中で、試行錯誤を通して実践的・専門的な力量を育てていく必要があるだろう。

注

1）社会教育指導員とは、市町村教育委員会の委嘱を受け「社会教育の特定分野について直接指導・学習相談または社会教育団体の育成などにあたる」非常勤の職員。「教育一般に関して豊かな識見を有し、かつ社会教育に関する指導技術を身に着けている」人、教育委員会や社会教育施設に配置され、社会教育主事の補完的役

割を果たしていることが多い。

２）公民館主事とは、教育機関である公民館の中心的役割を担い、公民館の事業の実施にあたる教育専門職員である。地域や自治体の実情から、様々な事業を企画・立案・実施し、住民のグループ・団体活動への援助を行う。公民館主事の役割について提起したものに「下伊那テーゼ」（『公民館主事の性格と役割』1965 年）がある。

３）中央教育審議会「人口減少時代の新しい地域づくりに向けた社会教育の振興方策について（答申）」2018 年 12 月

４）文部科学省生涯学習政策局長「社会教育主事講習等規程の一部を改正する省令の施行について（通知）」（2018 年 2 月 28 日）

確認問題

(1) 学習支援者にはどのような種類と役割があるか。

(2) 社会教育士が期待される職とその理由は何か。

(3) 学習支援者に求められる能力とはどのようなものか。

より深く学習するための参考文献や資料

• 日本社会教育学会編『学びあうコミュニティを培う―社会教育が提案する新しい専門職像』東洋館出版社、2009 年（地域を〈学びあうコミュニティ〉にしていくことと、そこでの専門職が、自らの専門職像を転換させながら〈学びあうコミュニティ〉のコーディネーターとしての役割を果たすことについて、具体例を踏まえて論じている）。

• 日本社会教育学会編『地域を支える人々の学習支援―社会教育関連職員の役割と力量形成―』東洋館出版社、2015 年（社会教育関係職員の実践と力量形成の取り組み事例や、大学における養成と研修、海外における生涯学習関連職員の養成と研修の事例などが数多く紹介されている）。

• 文部科学省「社会教育士について」ウェブサイト https://www.mext.go.jp/a_menu/01_l/08052911/mext_00667.html （社会教育士についての概要や、取得方法、実際に活躍する社会教育士の活動事例、Q&A など、社会教育士についてのさまざまな情報を得ることができる。

事例 15　川崎市社会教育職員研修
　　　　　「自主グループ研修」

1　社会教育職員研修の体系と「自主グループ研修」

　社会教育主事・図書館司書・学芸員などの社会教育職員の専門性の重要な要素として、行政と市民の間に入り事業などをコーディネートする力が挙げられる。その専門性を培う方法の1つに、社会教育職員研修がある。

　川崎市の社会教育職員研修では、各施設の役割や課題を理解すること、業務を遂行するために必要な基本的知識や実践的能力を養うこと、さらに、様々な課題についての問題意識や専門性を高めることを目指している。常勤職員約160人、非常勤職員約90人、合計約250人を対象に、年間10コース約60コマの研修を実施している。本稿では、その中でも特徴的な研修である「自主グループ研修」を紹介する。

　「自主グループ研修」には、市民館（川崎市の条例上、公民館にあたる社会教育施設）、図書館、博物館、教育委員会事務局生涯学習部の職員が集う。研修では各々が抱える課題を共有し、同じような課題意識を持つ職員が6〜7人のグループとなり、研修テーマを設定する。研修テーマは、その多くが施設ごとの課

年度別自主グループ研修テーマ一覧

年	テーマ
2014 年度	① 災害時の図書館を考える ② 市民館の魅力を広く市民に伝えるために〜事業の紹介、施設の利用〜
2015 年度	③ 図書館の展示を考える ④ 市民館の魅力を広く市民に伝えるために part 2 　社会教育施設（教育文化会館・市民館、図書館、博物館）のネットワーク
2016 年度	⑤ 図書館と広告事業 ⑥ 社会教育事業における企業などとの連携〜家庭教育の大切さを働く世代へ〜 ⑦ 事業評価を見据えた学級運営について〜アンケート調査の側面から〜
2017 年度	⑧ 学級運営〜学級の企画から終了後のグループ化及び自主運営への支援方法〜 ⑨ 社会教育事業における企業などとの連携〜リーフレットを活用した家庭教育の啓発〜

138　第 4 部　学習支援者の力量形成

題に添ったものである（表参照）。研修方法は、講師から学ぶ一般的な研修の形ではない。研修生による話し合いや、協働的に行う調査・研究、また、時には先輩職員を招く学習会などを、毎月１回、年間10〜12回行っている。研修担当者や先輩職員もグループに入り、話し合いや調査・研究活動に参加することもある。

　学習成果は年度末までに報告書としてまとめ、研修報告会で報告をする。研修報告会では各グループの発表の後に、研修に参加していなかった職員もグループに入り、発表内容についての意見交換を行う。その後、社会教育を専門とする大学教授などによる講評がある。このような流れの研修を1986年度から現在まで33年間継続している。研修や報告会では、研修テーマについてのみならず、日常業務における疑問や想いなどについても語り合うことができ、業務に役立つ情報を共有する場となっている。

2　研修の成果

　後述するように人事異動の周期が短く、経験者から実務を通して学ぶOJT（on the job training）が難しい状況にある中、研修の成果を具体的な形に残す取り組みが、研修生の意見をきっかけに始まった。2014年度自主グループ研修「市民館の魅力を広く市民に伝えるために」（表の②）では、「シニアの社会参加」と「子育て支援」という事業内容を市民に伝えるＡ１判のパネルを作成し、市民館・分館に展示した。

　2016年度・2017年度の企業との連携に関する自主グループ研修（表の⑥⑨）では、企業向けも含めた家庭教育啓発リーフレットを作成した。リーフレットは、市民が手に取りやすいＡ５サイズの見開きになっており、市内の銀行18店舗に配架し、各種団体にも配布した。リーフレットには二次元コードを貼付してあり、

市民館広報パネル「シニアの社会参加」・「子育て支援」

事例15　川崎市社会教育職員研修「自主グループ研修」

家庭教育啓発リーフレット

そこから具体的な解説を読めるようになっている。リーフレットのデザイン・内容・配布方法・解説などは、研修生がアイデアを持ち寄り、話し合って決めた。また、より多くの市民に伝えるための調査・研究を重ねることで、バージョンアップ版も作成するに至った。

　2015年度の自主グループ研修（表の④）では、図書館・博物館・市民館の連携による「子育て支援モデル事業」の実施・検証も行った。「タヌキ」を題材に、図書館の職員が絵本の読み聞かせを行い、博物館の職員がタヌキ・アライグマ・ハクビシンの違いを説明するとともに、哺乳類の剥製や骨格標本を子どもたちに触らせていた。全体のコーディネート・広報・当日の運営は、市民館の職員が行った。職員のネットワークにより、幼児期から親子で動物の生態を体験的に学べる事業を実施できたのである。

　2017・2018年度には、社会教育初任者のための学級運営マニュアルなどを作成し、市民館事業担当の初任者全員に配布した。ただし、マニュアルとはいっても、書かれているとおりに行えばよいというものではない。考えるためのマニュアルとし、個々の職員が自分自身で加筆できる形になっている。

社会教育施設連携モデル事業

　全国の公民館では、市民に寄り添い、ともに汗を流し社会教育事業を展開している。川崎市の市民館事業でも「中立性」「継続性」「仲間づくり」「ネットワーク」が大切であるとの思いで職員は業務を行っており、研修も全く同じである。研修では、

140　第4部　学習支援者の力量形成

いろいろな事柄に課題を感じ、耳を傾け、仲間とともに考え、学んだことを積み重ねていき、次の世代（職員）につなげていくこと、さらに様々な機関・団体などとのネットワークを構築しつつ、連携・協働していくことが重要である。それが、市民の主体的な学びを支援し、コーディネートする職員の力量につながるといえるのではないだろうか。

　自主グループ研修では、年間10数回の話し合いで互いの考えを受け入れ、疑問があれば調べ、時には先輩や専門家からの話を聞き、解決策の1つとして成果物を作成する。また、1年間の研修のまとめ・ふり返りとしての研修報告書を作成し、研修報告会で発表を行う。このようなプロセスや場が、職員の力量を高めていくと考えられる。

3　研修の課題

　近年では人事異動が激しく、職員は3年周期で異動をする状況である。1年目の職員は自身の担当業務を行うだけで精一杯であり、また、職場内においては、市民館経験1〜2年の職員が過半数である。業務が多忙化する中で、自ら課題を析出する余裕がないことが課題として挙げられる。

　ゆえに近年のテーマ設定においては、研修担当者が日常業務の中で聞こえてくる職員の悩みなどから4〜5本のテーマを提案し、研修生がテーマを選ぶ方法にしている。研修担当者は研修生が興味を持ち参加したいと思えるテーマを提案することに努めるとともに、「こんな研修をしたい」という自由な意見も取り入れるようにしている。

　筆者は社会教育職員研修を5年間担当・実施してきて、職員の社会教育に関する認識・資質・専門性の向上に、「自主グループ研修」の効果を実感する。職員は業務に追われて研修に参加し難い状況ではあるが、多様な職員と自主的・協働的に学び合うプロセスをとおして、多様性を生かした学び合いやコーディネートの在り方を実践的に学んでいる。「自主グループ研修」が今後も引き続き推進され、市民の学習を支えるために様々な部署・機関・団体などとネットワークするコーディネートが本研修から広がっていくことを願う。

夏井美幸　川崎市教育委員会事務局生涯学習推進課生涯学習研修推進嘱託員（2014年4月〜）。2010年から2013年、多摩市民館館長。2008年から2009年、教育委員会事務局生涯学習推進課課長。

事例 16 職員の自主的な学びのネットワーク「たまいく」

1　たま社会教育ネットワーク

　たま社会教育ネットワーク（以下「たまいく」）は、社会教育の活性化に向けたネットワークづくりと情報発信に取り組む、東京多摩地域の自治体職員有志を中心とした組織体である。これまで、自主研修会や情報交換会の開催、社会教育の実践に関する専門誌への連載などを通じて、緩やかなネットワークがつくられてきた。たまいくが誕生したきっかけは、2011年度に国立教育政策研究所社会教育実践研究センターで行われた社会教育主事講習である。多摩地域から参加していたメンバーの2人が出会い、社会教育をさらに盛り上げたいという思いで活動を始めた。現在では、中心的なメンバーとして多摩地域8市の自治体職員をはじめ、東京23区の社会教育関係者、民間企業に勤務しつつ、公民館での活動をライフワークとしている人など、幅広いネットワークが広がり、日常的に情報共有・意見交換を行っている。

　たまいくでは、メンバー以外も含め、活動に関わってくれたすべての人が、そこで得た知識や経験、心境の変化を自分のフィールドに持ち帰り、それぞれの形で生かしてもらうことをねらいの1つとしている。ここでは、たまいくの活動の中から、ネットワークを生かした取り組みの事例を紹介し、その取り組みがメンバーそれぞれの力量形成にどのような影響を与えてきたかを紹介したい。

たまいくミーティング

2　自主的ネットワークを生かした社会教育職員向け学習支援

　たまいくでは、社会教育に携わる人が抱える悩みや不安など、どこかモヤモヤとした気持ちについて語り合うワークショップ（研修会）「モヤたまカフェ～社会教育ってなんだろう～」を自主的に開催してきた。効果的なチラシの作り

方や、担当する事業の課題点など、テーブルごとにテーマを設けてワールドカフェ方式で考えを深める研修会である。初めて公民館に配属されて何をしていいかわからないという人から、改めて社会教育とは何かについて考えたいという人まで、参加者の背景は様々である。しかし、自分の職場以外で社会教育について相

モヤたまカフェの様子

談できる仲間がほしいという点は、みなに共通しているのではないだろうか。ワークショップを通じて多くの人と出会い、そこで生まれたつながりは、この自主研修会の大きな成果の1つであろう。

　社会教育分野に限らず、自分の仕事や活動に対する意識を常に高く維持することはとても難しいことである。特に、正解が1つではなく、担当者のアイデアや創造力が求められる社会教育の現場においては、自分が取り組んでいることが本当に正しいのか、自問自答を繰り返す職員も多い。モヤたまカフェでその明確な答えが出るわけではないが、社会教育に対する悩みを共有することで、自身のモチベーションを高めることができる重要な場となっている。

3　社会教育の魅力発信に向けた取り組み

　たまいくへの参加は自分自身のモチベーションを高めるだけでなく、新たな取り組みが生まれる場にもなっている。特に、2016年度と2017年度に東京大学で開催された「東京コンファレンス」への参画は、象徴的な取り組みとなった。文部科学省委託事業「東京コンファレンス」は、東京大学大学院教育学研究科が主催した学びのイベントで、東京各地で活動する職域団体や職員団体が集い、社会教育活性化へとつながる機会となった。

　たまいくは、実行委員会に組織として参画し、企画段階から関わり、2年間連続して、「東京2020オリンピック・パラリンピックと社会教育」をテーマにした分科会を企画・運営した。オリンピック・パラリンピックが目指すダイバーシティやインクルージョン、サスティナビリティなどは、社会教育の場でも重要な考え方である。東京コンファレンスは、この考え方を社会教育の実践と結びつけて考える先駆的な機会となり、専門誌『社会教育』（日本青年館発行）

における記事連載にもつながった。

　たまいくがより特徴的なのは、メンバーである市町村の行政職員や非常勤専門職員が配属先として公民館や社会教育に出会い、その魅力や可能性に触発され、自らの成長の機会を求めて仲間を増やしながら、社会教育の価値を広げようとしている点にある。自分の職務だけでは実現できない社会的アクションを、自主的なネットワークを通じて具体化してきたと言える。

4　社会教育職員による自主的ネットワーク構築の意義

⑴　職員間ネットワーク構築の背景

　こうした職員同士のネットワークは、なぜ生まれたのか。その背景に触れておきたい。かつての東京多摩地域の公民館には、「都市型公民館」の構想と実践の模索を積み重ねてきた職員集団があった。特に 1960〜1980 年代は他地域に比べ充実した施設構成の公民館が増え、同時に職員の質の向上が求められてきた。この時代、専門職制度を持たない公民館職員は、職員研修の充実と職員集団づくりによって、力量形成を図ってきたといえる。

　しかし、1990 年代以降の行財政改革のもと、社会教育行政・施設は様々な合理化の波にさらされることになる。特に 2000 年代は都市型公民館の隆盛を支えたベテラン職員の退職期を迎え、非専門職化と非常勤化、指定管理者制度の導入、研修機会の削減などによって、職員同士の学びとつながりの場が減少し、力量形成の機会を失ってきたと言える。

　こうした背景の中で、いくつかの自主的な職員同士のネットワークが生まれてきた。真摯に仕事に向き合おうとすれば誰もが抱く「同じ想いを持っている仲間とつながりたい」という願いが具体化し、職員の自己形成の場へと発展していく。その 1 つがたまいくである。

⑵　ネットワーク構築のポイント

　市民の学びに寄り添う仕事に働き甲斐を持つためには、自らの職業生活を充実させるためにともに学び合える仲間が必要である。研修などでの出会いはそのチャンスである。ただし、必ずしもしっかりとした勉強会や研修会のスタイルにこだわる必要はない。業務外の活動として、情報交換をベースに、前述のモヤたまカフェや飲み会など、楽しさやつながりの深まりを創り出すことがポイントになる。また、たまいくはあえて代表などを置かず、緩やかなつながり

を大事にしている。同世代の仲間だけではなく、中堅や顧問的存在のベテラン
もいて、時に助言をしてもらうなど、活動のマンネリ化を防ぐメンバー構成も
重要だろう。

　限られたメンバーで多くの取り組みを行っていくには限界もある。たまいく
も今後は、モヤたまカフェのような交流の場をさらに拡充し、多くの人を巻き
込んで仲間を増やし、メンバーが入れ替わってもネットワークが維持できるよ
うな体制づくりも進めていかなければならない。

　たまいくは、社会教育の実践者たちのネットワークであり、様々な情報が集
約されるプラットフォームでもある。経験や情報を共有化することで、社会教
育の多くの実践事例を学ぶことができ、社会教育に関する視野が広がり、それ
ぞれの仕事や活動にその学びが生かされている。

　社会教育職員が自らの職場や実践に閉じこもらず、新たな出会いと力量形成
を求めて小さなネットワークをつくることで、社会教育の可能性はもっと広が
るのではないか。たまいくの存在は、そうした可能性を拓く試みの１つである。
こうしたネットワークが各地に生まれ、互いの交流に発展することで、社会教
育はさらに活性化するだろう。

鈴木孝志、石田智彦、井口啓太郎　たま社会教育ネットワーク
たま社会教育ネットワーク　東京多摩地域から社会教育活性化に向けたネットワークづ
くりと情報発信に取り組む自治体職員有志を中心とした任意団体。ワークショップや情
報交換会などを開催している。

第9章 学習支援者の力量形成を支える コミュニティとネットワーク

学習支援のための実践的な力量形成のために、学習支援者はどのように学んでいけばいいのだろうか。またよりよい学習支援に向けた学習支援者のコミュニティとはどのようなものだろうか。本章では学習支援者の養成・研修についての考え方やカリキュラム、学習支援者のコミュニティとネットワークについて検討する。

キーワード 学習支援者の実践的な力量形成、実践と省察のサイクル、学習支援者の学び合うコミュニティとネットワーク

1 学習支援者の力量形成

(1) 学習者としての学習支援者

様々な領域や場面で主体的な担い手の育成、課題解決に向けたコミュニティの形成や維持、組織間の連携や協働の推進が求められている中、社会教育の重要性が再認識されるとともに、こうした期待に応える学習支援者をどのように育成するか、その力量形成が重要な課題となっている。

学習者の主体的な学習をプロセスを通じて支援し、活動につなげていく学習支援者の力量形成は、生涯を通じた成人の学習プロセスであるとも言える。生涯学習を支援する学習支援者の実践的な力量形成のためには、養成段階の教育だけでは十分ではなく、仕事をしながら学び続けることが求められている。そうした意味では学習支援者も生涯学習に取り組む学習主体であり、おとなの学習者である。地域住民が主体的に学習することができるよう支援するためには、学習支援者自身の学び方や学び合う組織もデザインしていくことが求められる。「学び方を学ぶ」「学び合う学習支援者のコミュニティをつくる」力量形成の展開が求められる。

「学び方を学ぶ」という意味では、学習支援者自身が主体的な学習プロセス、共同・協働の学びを経験することが不可欠だろう。グループでの継続的な活動、双方向のコミュニケーションを深め、合意形成を図りながら、目的や目

標、内容、方法、評価などの学習過程を相互に決定していく学習を自ら体験することで学習支援者としての資質が養われていく。

(2) 力量形成の種類と方法

　学習支援者の力量形成を整理する視点はいくつかある。

　一般的に職に就くまでの学習が「養成」、現職者の学習が「研修」と整理される。研修の種類として、仕事の現場で働きながら上司や先輩などから指導を受ける OJT（on the job training）、仕事から離れたところで行う集合研修である off JT（off the job training）、自分一人で取り組む自己啓発・自己研鑽などが挙げられ、これらを組み合わせて行われる。

　学習方法には、講義型（講演、シンポジウムなど）、参加型（ワークショップ、討議など）、見学・視察、調査・資料作成、情報交換・事例報告などがあり、職場内で行う場合、職場外で行う場合がある。近年はパソコンやスマートフォンなどの端末で受講する e ラーニングによる研修も行われている。期間や時間は、単発・短期のものから、継続・長期のものまであるが、多くは受講する職員側、主催者側の時間的・金銭的負担の問題から短期間で集中的に行われている（**資料 18**）。

　集合研修の内容区分については、階層別研修、職種別研修、課題（テーマ）別研修などがある。階層別研修は新人・中堅・管理職といった階層（年齢層・役職など）別に、階層ごとに求められる知識や技能に応じて行われる。職種別研修は、職種に求められる知識や能力のスキルアップを図るための研修で特定の分野においてより高度な専門知識を身につけることを目的としている。課題（テーマ）別研修は、階層や専門にこだわらず必要性やニーズの高いテーマで行われる。

　研修を実施する主体としては、国、都道府県、市町村などの他、職能団体や、職場や同僚など仲間同士の自主学習、大学などの教育機関、NPO などの非営利団体などが挙げられる。**事例 15** では市によるテーマ別研修、**事例 16** では自治体職員を中心とした自主学習、**事例 17** では地域の職能団体による階層別研修が紹介されている。

第 9 章　学習支援者の力量形成を支えるコミュニティとネットワーク　147

(3) 養成・研修の課題

　学習支援者の力量形成の重要性が認識されている一方で、特に社会教育主事や社会教育関係職員の研修についての環境は整っているとは言い難い。

　行政機関で働く社会教育関係職員などは、数年のジョブローテーションで異動してしまうため、研修で培った力量を実践に生かすことができなかったり、研修への意欲が下がったりすることがある。そもそも職員数も減少しているため研修に送り出す余裕が職場にない。社会教育主事（有資格者）の減少によって、研修の企画・運営をする専門性を持つ人材が不足し、研修が廃止・縮小されるケースも見受けられる。非常勤職員や嘱託職員、指定管理者職員などは雇用が不安定であり、研修への参加が保証されていない、などといった課題がある。

　都道府県や市町村が行う研修については、地方自治体によってばらつきがある。生涯学習や職員の実態が複雑化する中で、研修内容を構成するのも難しくなってきている。予算の削減や職員の多忙化のため研修が開催できない、人手不足で職場内での実践の共有や学び合いの時間も確保が難しいなど、力量形成の場や時間が取れないという課題は深刻である。

　職員が継続的に学び続ける環境が整っているとは言えない中で、厳しい現状であるからこそ、現場での課題を解決するための実践的な力量を身につけたい、他の事例から学びたい、悩みや関心を共有してネットワークを持ちたい、と能力開発や交流の機会を求める職員・コーディネーターの声も少なくない。不安定な雇用環境や数年での異動を改善し、実践と省察のサイクルを積み重ねることのできる職場の条件を確保することを求めつつ、実践的な力量を形成するための研修の在り方を検討する必要がある。

2　実践的な力量形成を目指すカリキュラムのデザイン

(1) 実践と省察のサイクル

　学習支援の実践的な力量はどのように培っていけばいいのだろうか。ドナルド・ショーン（Schön, D.）は専門職教育において基礎から応用そして実習

という学習過程を経て理論を実践に適用することには限界があるとし、実践の中で省察し学習していく「省察的実践者」のモデルを示している。

日本社会教育学会における社会教育・生涯学習関連職員の力量形成に関する議論においては、学習支援の力量は学習過程の展開を支える経験を省察し、さらに経験を積み重ね、省察を積み重ねていくというような継続的な「実践と省察のサイクル」によって形成されると指摘している。職場や仲間とともに自分の実践を省察し、実践に関わり、また省察するというサイクルを積み重ねつつ一定期間継続された実践を長期的に省察する中で、実践をより大きな社会的文脈の中でとらえ返し、意味を確認していくといった学習支援者の力量形成を継続的に支えるシステムを提起している。

表 9-1　持続的な実践研究の構造

A：①実践とそのコミュニティを支え培う経験の持続的発展的な積み重ね
②異なる分野の実践と自らの実践の間に相互的な理解と協働関係を生み出す経験
B：①自身の実践と経験を捉えなおし表現し、発展的に再構成する実践研究のサイクル
②他の実践と事例から学ぶ事例研究の視点と方法
C：①学習の組織とシステムをめぐる経験と研究
②市民の学習と社会の現状・歴史・理念をめぐる研究と展望の共有

日本社会教育学会編『学びあうコミュニティを培う―社会教育が提案する新しい専門職像』東洋館出版社、2009 年、pp. 16-17

このような「実践と省察のサイクル」モデルは、生涯を通じた学習支援者の力量形成のデザインとして養成・研修いずれにも意味あるものとして捉えられる。学習支援者は、一人ひとりとそのコミュニティの主体的な学び合いを支える経験、持続的・発展的な実践を積み重ね、その経験・実践を研修や学習会などでリフレクションすることで力量形成する。

省察の方法としては、実践を語り聴き合うこと、実践を書くこと（実践記録の作成）などがある。実践について語り、聴き、文章化する中で、取り組んでいる実践の状況を整理し意味づけ、意義や課題、自身の役割などについて意識化し深く考え捉えなおす機会となる。また他の人の実践から自分自身のレパートリーを広げることができる。これらの取り組みは自身の次の実践の展開に直接生かされるのみならず、より広く実践を共有することが可能となり、直接実践に関わっている人以外からの評価につながる可能性も持って

いる。状況の中から問題を捉え解決する力をつくりだす「実践と省察のサイクル」による力量形成は、短期間では困難なことから、試行錯誤が可能なプロセスを保証するために、より長期のものへと力量形成のカリキュラムのタイムスパンを転換することが求められる。

(2) 養成と研修をつなぐ実習

2020年度からスタートした新しい社会教育主事養成カリキュラムは、単に養成課程の学生の教育としてのみならず、現場（職員）の力量形成とコミュニティを支える機能を持ち、双方にとって活性化と新しい価値を創造する可能性も秘めている。「現職研修として、社会教育主事が社会教育主事養成課程開設大学において社会教育演習等に参加することは、社会教育主事の資質・能力の向上につながるのみならず、学生が現職の社会教育主事に接し、その知見や経験に触れる機会となり、社会教育主事の役割について理解を深めるとともに、社会教育主事の職務を的確に遂行し得る実践的な能力を身に付ける上で有益である」[1]との指摘は、養成と研修、大学と現場をつなぐこれからの職員の力量形成の在り方を示唆しており今後、地域の実情を踏まえつつ、地方自治体と大学、社会教育主事と学生の双方に有益である形で、養成研修に関して協力関係が各地で構築され、発展することが期待されている。

特に必修科目として位置づけられた「社会教育実習」に注目したい。現場での体験を通した学習は、学生にとっては主体的な学習に関わる「実践力」や企画力・コミュニケーション能力といった「就業力」の養成、大学にとっては、地域の社会教育施設や団体などと協働し地域課題解決に向けた学習に取り組む地域貢献・社会貢献、さらに、実習受け入れ先にとっても、若い世代との交流による活動の活性化や事業・活動の見直し、協働の推進、人材の確保、職員の力量形成の機会などの利点につながる可能性がある。従来のように理論を学習した仕上げとして実習を位置づけるのみならず、現場との交流や体験とそのふり返りを重ねることができるようなカリキュラム構成が求められる。

大学と地方自治体などとがより綿密かつ継続的に連携・協働するための仕組みづくりも重要な課題である。実習を地域コミュニティが直面する課題に

ついてのプロジェクト型にする、自治体や社会教育関連施設の既存・新規事業への体験・参加・参画とするなど、実習生を受け入れることが現場職員の研修となるように養成課程と研修を総合的にデザインすることで、双方にとって意味ある持続可能な養成・研修体系を組織的につくっていくことが求められる。

3　学習支援者の学び合うコミュニティとネットワーク

（1）学習支援者の学び合うコミュニティ

　あるテーマに関する関心や問題、熱意などを共有し、その分野の知識や技能を、持続的な相互交流を通じて深めていく人々の集団を「実践コミュニティ」という。自発的な参加をもとにした協働探究の場、ともに学習することに価値を認める非公式なつながりで、組織を生き物のように成長し発達する存在として捉える考え方[2]である。職能団体（職業ごとに組織された団体）、職場集団、地区や地域の組織、研修のグループ、問題意識を共有する有志のグループ、プロジェクトチーム、組合、仲間同士などの学び合うコミュニティでの継続的な取り組みを通して学習支援者の力量形成が支えられている。互いに抱えている課題を話し合い、その解決に向けて知見や経験を共有する双方向の学びをつくり、支えることが求められる。

　事例15では、研修体系の中に「自主グループ研修」が組み込まれ、学び合う組織を形成する仕組みが意図的につくられている。**事例16**では学習経験や関心・地域を共有する職員同士が自主的に集まり、交流し学び合う関係をつくっている。さらに**事例18**では、韓国における社会教育の専門職が平生教育士協会を組織化し、待遇や利益を保持・改善するための活動や専門性の維持・向上のための研修、研究発表会・講演会の開催、会員同士の交流、情報発信など様々な活動に取り組んでいることが紹介されている。

（2）学び合うコミュニティのネットワーク

　学習支援者の様々なコミュニティでの自主的な学び合いは、領域や職場、自治体、地域、コミュニティを超えて、コミュニティとコミュニティが出会

い、つながることで、実践と省察のサイクルを活性化し、実践の評価をより広く価値づけていくような展開へとつながることができる。複数のコミュニティで交流し、実践やテーマを越境する開かれたネットワークが長期にわたる力量形成のプロセスと学習支援者の評価に資する可能性がある。

　学習支援者の学び合うコミュニティやそのネットワークを支える組織や仕組みを大学との連携によって実現しようとする動きも注目される。協働や連携による学習支援者の力量形成を支える営みは、やはり長期にわたる実践と省察のサイクルに取り組むコミュニティによって進められる。学習支援者の研修の企画・運営や、学習の組織化にかかわる社会教育主事や研修企画者、大学教員は、こうしたコミュニティを形成しているとも言える（図9-1）。

　東京学芸大学では職能集団である東京都公民館連絡協議会（都公連）と連携・協働し、公開講座の形で研修を実施している。社会教育関係職員をはじめとした幅広い学習支援者が対象で、市民の主体的な学び合いを支援する実践的な力量形成を培うことをねらいに、月1回集まり、自分の実践を語り、聴き合うことを中心に取り組んでいる。また社会教育主事会や公民館連絡協議会など社会教育関係職員・団体の協働による東京コンファレンスの取り組みも、こうしたネットワークの事例として挙げられる[3]。今後各地域でこうしたネットワークが広がっていくことが期待される。

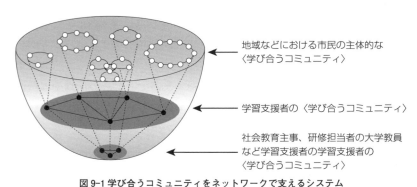

図9-1 学び合うコミュニティをネットワークで支えるシステム
日本社会教育学会編『学びあうコミュニティを培う―社会教育が提案する新しい専門職像』東洋館出版社、2009年、p.22を一部修正

注

1）社会教育主事養成等の改善・充実に関する検討会「社会教育主事養成の見直しに
関する基本的な考え方について」2017 年 8 月 31 日、pp. 11-12
2）エティエンヌ・ウェンガーら、『コミュニティ・オブ・プラクティス』（櫻井祐子
訳）、翔泳社、2002 年、p. 33
3）日本社会教育学会編『社会教育職員養成と研修の新たな展望』東洋館出版社、
2018 年参照。

確認問題

(1) 学習支援者の力量形成における課題は何か。
(2)「実践と省察のサイクル」による力量形成とはどのようなものか。
(3) 学習支援者の学び合うコミュニティとネットワークの意義は何か。

より深く学習するための参考文献や資料

• 日本社会教育学会編『社会教育職員養成と研修の新たな展望』東洋館出版社、2018
年（市民の主体的な学習過程の展開構造を支える社会教育主事・職員などの専門性
を明らかにし、専門的な力量形成の構造を捉え、実践的な養成・研修カリキュラム
の構築を試みるもの）。
•「学びのクリエイターになる！」実行委員会『学びのクリエイターになる！』、日本
青年館、2018 年（特別区社会教育主事会有志が中心となり、都内大学や社会教育関
係団体などと連携し「共生」「支援」「自治」をキーワードに市民と協働して実施し
た講座プログラムの報告書）。
• 全国社会教育職員養成研究連絡協議会（社養協）「社会教育実習支援ネットワーク
サイト」（様々な大学の社会教育実習の事例を閲覧できる。実習受け入れ先、方法、
形態などの実態を知ることができる）。
https://sites.google.com/view/shazissyunet（アクセス：2019.5.13）

事例 17 職員をつなぎ、力量形成を支える千葉県公民館連絡協議会

1 組織の概要

　現在、千葉県内には約 300 館の公民館が設置され、地域に根ざした多彩な公民館活動を展開している。そして、その活動を下支えしているのが千葉県公民館連絡協議会（以下、千葉県公連）である。

　千葉県公連では、「県内公民館活動の振興・発展並びに公民館相互の連携を図ること」を目的として、公民館研究大会の他、様々な事業を実施している。注目すべきは、公民館職員によって、主体的・協同的に組織（事業）運営が行われていることである。それは体制面にも現れており、図のように、県内 10 地区の各単位公連から、役員、館長部会・主事部会の幹事、研究委員会・広報委員会・研修委員会の委員がそれぞれ選出され、民主的に事業が進められている。ちなみに、専従スタッフは置かれておらず、県教育委員会職員が事務局などを担っているわけでもない。公民館職員としての日々の仕事と並行しながら千葉県公連の活動に取り組むことは大変な苦労を伴うが、公民館活動の充実のために協力し合う中で、自治体を超えた公民館職員のつながりが生まれ、支え合える関係性が育まれている。

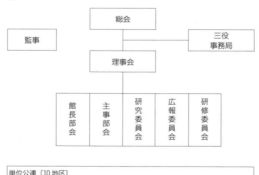

千葉県公民館連絡協議会の組織

なお、広報委員会では、「ちばけん公民館スタッフニュース」（機関紙）を発行し、県内公民館の実践や千葉県公連の活動などを紹介している。近年のバックナンバーは千葉県公連のホームページでも閲覧できるので、ご覧いただきたい。

2　研修の取り組み

⑴　千葉県公連による各種研修会

　公民館職員には、司書・学芸員のように「専門的職員」としての法的位置づけはなく、資格制度も存在しない。こうした状況にあって、公民館職員が専門的力量を培っていくためには、充実した研修機会を確保することが重要となる。

　そこで千葉県公連では、館長部会研修会（年1回）、主事部会研修会（年2〜3回）に加え、次に紹介するような初任職員研修会を実施している。「職員が少なく、公民館を離れることが難しい」「業務が多忙で、研修に参加する余裕がない」などの理由から研修会への参加が難しい状況も見られるが、千葉県公連による各種研修会は、県内の公民館職員が専門的力量を培っていく上で大きな役割を果たしている。

⑵　初任職員研修会

　初任職員研修会が始まったのは、1999年度のことである。この背景には、公民館職員の異動サイクル（在職年数）が短期化し、身近な職員集団の中で専門的力量を培うことが困難になりつつあることへの危機感があった。そこで、新しく公民館に配属された職員が、基礎的な知識・技術を身につけ、公民館職員としての見識を高めることができるような研修機会が構想されることとなった。さらに2003年度には、初任職員研修会の本格化を図るため、研修委員会が設置され、以降、本委員会が中心となって企画・運営が行われている。

　2018年度のプログラムは、表1のとおりである。連続5回の研修会では、公民館に関する基本的理解を図り、公民館職員としての実践力を高める上で必要な内容が、網羅的・系統的に位置づけられている。また、講師主導型の「承り研修」ではなく、「グループ学習（討議）」を中心に据え、話し合いのプロセスを通じて研修内容を深めること、公民館職員としての自己の課題や方向性をつかみ取ることが大切にされている。そして、気軽に相談し合えるような関係性（支え合える職員集団）を生み出していくことも、この研修会がねらいとするところである。

事例17　職員をつなぎ、力量形成を支える千葉県公民館連絡協議会　｜　155

表1　初任職員研修会（2018 年度）プログラム

回	時間帯	テーマ
第1回 10/17	午前	・開講式／オリエンテーション ・「公民館職員のためのレクリエーション」
	午後	・「公民館を語ろう」（昨年度の研修会参加者からのメッセージ） ・グループ学習「公民館の現状を話し合う」
第2回 11/22	午前	・「公民館の理念と目的」
	午後	・「（公民館運営 Part Ⅰ）公民館におけるサークル・団体との関わり方」 ・グループ学習「どうあるべきかを考える」
第3回 12/12	午前	・「公民館を取り巻く今日的課題」
	午後	・「（公民館運営 Part Ⅱ）公民館職員の役割」 ・グループ学習「あなたはどんな公民館職員でありたいか」
第4回 1/16	午前	・「（公民館運営 Part Ⅲ）学級講座を考える」
	午後	・「学級講座を考える　実践編」 ・グループ学習「講座を企画してみよう」
第5回 2/13	午前	・グループ討議「公民館職員としての今後の自分」（研修のふりかえり）
	午後	・公民館初任職員研修記念講演会 ・閉講式

※午前（10：00-12：00）／午後（13：15-16：30）※第5回は、13：30-16：30

3　調査・研究の取り組み

　千葉県公連において、もう1つ特筆すべき取り組みは、研究委員会による調査・研究事業である。同委員会が設置された 1985 年度より、様々な研究課題を設定して集団的に調査・研究活動を進め、その成果を報告書にまとめている。これまで計 24 冊の報告書が刊行されており、表2は、2000 年以降の報告書タイトルを一覧にしたものである。

　これを見ても明らかなように、公民館を取り巻く時代状況を的確に反映した研究課題が設定されている。例えば、地方分権・規制緩和の流れを受けて社会教育法が改正され、公民館運営審議会が任意設置となった時には、『公民館の羅針盤——公民館運営審議会に関する調査・研究』（2000 年）という報告書が刊行されている。また、「公民館の設置及び運営に関する基準」の全面改訂により、第 10 条「事業の自己評価等」が新設されたことを受けて、『さらに充実した公民館事業をめざすための自己点検・評価に関する研究報告書』（2007 年）がまと

表2　研究委員会報告書タイトル一覧（2000年以降）

号	発行年	タイトル
vol. 14	2000年	公民館の羅針盤——公民館運営審議会に関する調査・研究
—	2000年	公民館活動の蓄積と21世紀への展望——地域に根ざした揺籃期の活動
vol. 15	2002年	私たちの学びとともに——千葉県公民館50年の歩み〔DVD〕
vol. 16	2003年	公民館活動の蓄積と21世紀への展望II——地域に根ざした揺籃期の活動
vol. 17	2005年	公民館職員1年生のための参考書
vol. 18	2007年	さらに充実した公民館事業をめざすための自己点検・評価に関する調査研究報告書
vol. 19	2009年	公民館が「わかる」本
vol. 20	2011年	「つなぎ」「つながる」公民館事業——「つなぐ」「つなげる」公民館職員の仕事
vol. 21	2013年	参加者の拡大による公民館理解と地域活性——公民館アンケート調査から見えてきたもの
vol. 22	2015年	千葉の公民館と職員の「今」を探る——千葉県公民館実態調査から
vol. 23	2016年	公民館が「わかる」本（2015年度改訂版）
vol. 24	2017年	県内公民館職員の現状と研修をめぐる課題

められている。一方、『公民館職員1年生のための参考書』（2005年）、『公民館が「わかる」本』（2009年、2016年改訂）など、公民館職員としての仕事に直接役立つ実務的な内容の報告書も多い。

　また、現在（2017〜18年度）は、公民館職員に求められる専門性や資質・能力を明らかにすることを目的として、県内公民館で活躍されてきた職員へのインタビューとその分析作業を進めているところである。

　研究委員会による調査・研究活動は、その成果を報告書にまとめ、県内の公民館職員に広くフィードバックすることによって、公民館職員を支援し、専門的力量の形成にも一定の役割を果たしていることは言うまでもない。また、こうした集団的な調査・研究活動の取り組みは、公民館職員としての専門的力量を培うための共同学習のプロセスそのものであり、研究委員にとっても貴重な経験となっている。

越村康英　千葉大学・日本体育大学等非常勤講師。2014年度より、千葉県公民館連絡協議会の特別研究委員を務め、公民館職員とともに「千葉県公民館実態調査」（2014年）などに取り組んでいる。

事例 18　韓国の平生教育士協会

1　韓国における平生教育士制度

　韓国では、平生教育（日本の社会教育にあたる）の専門職として平生教育士が位置づけられており、全国組織の韓国平生教育士協会などの他、広域自治体や基礎自治体レベルでも平生教育士協会や平生教育士会などの職能団体がある。

　韓国の平生教育士制度は、1982年に成立した社会教育法で定められた社会教育専門要員制度をもとに、1999年の平生教育法によって平生教育士と命名され、大学で所定の養成課程を履修した者に資格証が2000年3月に最初に交付されスタートした。その後、法改正による養成制度の改編が何度か行われ、2013年11月からは国家平生教育振興院が資格証を交付する制度に変わっている。2018年現在、平生教育士の資格を有する者は約13万人いるそうで、年間7,000人から8,000人が資格を得ている。そのうち実際に平生教育士として働いている人は約3,000人だという（2018年11月4日、（社）韓国平生教育士協会広報部長のキム・ユミさんへの聞き取り調査から）。

　これらの平生教育士は、平生教育法第26条に「①平生教育機関には第24条第1項による平生教育士を配置しなければならない」とされ、平生教育法施行令によって、配置対象機関・施設と設置基準が定められている。したがって、国や広域自治体が設置する平生教育振興院や基礎自治体が設置する平生学習館はもちろん、民間団体や法人が設置・運営する平生教育施設にも、平生教育士が配置されているのである。

　このように、韓国の平生教育士は任用資格である日本の社会教育主事制度と異なり、汎用資格として資格取得者は平生教育士と称することができ、働く場所も国や自治体が設置する平生教育機関だけでなく、民間の平生教育施設（例えば、デパートのカルチャーセンターなど）も含まれており、多くの資格取得者が平生教育士として働いている。

　しかし、国や自治体で働く韓国の平生教育士は、正規の公務員身分ではなく、多くが専門契約職の公務員という身分で任期付き（1期5年など）で働いている現状である。したがって、自らの「専門性の維持・向上のため」のみならず、「専門職としての待遇や利益を保持・改善する」ことを求めて職能団体を結成

してきたのである。

2　平生教育士の職能団体の現状

　全国レベルの職能団体として、2002 年 5 月に設立した（社）韓国平生教育士協会（詳しくは、同協会のホームページ http://kale.or.kr/bizdemo22372/ を参照）がある。その設立目的には、「平生教育の振興、育成、発展に貢献。平生教育士の権益伸長と専門性の向上。平生教育機関や団体との連携を通じた平生教育の活性化」が謳われており、研修事業では「平生教育士の力量強化事業」として、「平生教育士研修及びセミナー（平生教育士の時代と社会への感度を高めるための研修やセミナーの開催・本会の会員を中心とした現場密着型研修の実施・全国平生教育士を対象とした地域ベースの平生学習研修やセミナーの実施）」と「市民教育円卓討論運営（平生教育士の役割についての視点を再証明する・平生教育士が持っていなければならない社会的価値の発見・社会現象の平生教育士の対応戦略用意)」が挙げられている。その他、組織管理事業、対外協力事業、研究及び政策開発事業が行われており、小規模平生教育士会の結成支援や地域平生教育士協会との交流、平生教育関連機関・団体との連携、平生教育士制度の発展に関する提案、そして平生教育政策開発などがその内容である。

　（社）韓国平生教育士協会には、現在約 500 人の会員がおり、年会費は 1 人12 万ウォン（約 1 万 2,000 円）である。同協会のもと各地に広域支部（済州特別自治道、釜山広域市、京畿道、忠清北道、光州広域市）と基礎支会（安養市、洪州郡、光明市）が置かれている。これらの中には、もともと独自の地域単位の平生教育士協会として設立した後、全国組織の（社）韓国平生教育士協会の支部・支会として加盟したものもある。会員には、個人で直接加入する会員とこれらの支部・支会の会員として加入する会員がいるが、現在は支部長・支会長を含む幹部会員 31 人が、会長・事務局長のもと広報部・事業部・法改正部などの委員会をつくり、上記の活動をしているという。また広域自治体レベルで独自に活動しているのは、大邱慶北平生教育士協会（2011 年 4 月 17 日設立）や仁川平生教育士協会（2014 年 12 月 27 日設立）があり、最近では大田世宗平生教育士協会が 2018 年 6 月 28 日に設立されている。

3　地域単位の平生教育士協会の取り組み

　2016 年 3 月 12 日、筆者は大邱慶北平生教育士協会主催の「公民館と平生学

習センター韓日交流セミナー」に参加する機会を得た。そこでは、筆者が「地域拠点としての公民館：住民が集まって、学んで、活動を豊かにさせるために」と題して日本の公民館活動について紹介するとともに、大邱慶北平生教育士協会の会員であるキム・ムウン平生教育士（大邱・達西区庁）が「平生学習センターの昨日と今日、そして未来」と題して報告し、参加者による質疑・意見交換・討論を行った。

当日は、大邱慶尚北道地域のみならず、忠清北道清州市からも平生教育士たちが集まり、全体で30人程度のとても楽しく有意義なセミナーが行われた。同協会の会員の多くは、広域自治体である大邱広域市と慶尚北道で活動している平生教育士たちであり、正規公務員もいるが多くが専門契約職や民間団体などの平生教育士たちであり、中には求職中の平生教育士（資格取得者や以前平生教育士として働いていた者も含む）もいた。

大邱慶北平生教育士協会（2018年1月20日付で名称を韓国平生教育士連合会に変更したが、全国組織ではない）は、現在90人の会員がおり、年会費3万ウォン（約3,000円）で、このようなセミナーや研修会などを年間4回（1月、4月、7月、10月）開催し、平生教育士としての力量強化を図るとともに、全国的なネットワークの構築と平生教育士の「公務員化」への働きかけなどの活動を行っている。

また、会員の中には、勤務の傍ら大邱大学校大学院平生教育専攻の修士・博士課程に進む人が多く、同大学院の修了者で組織されている大邱大学校地域平生教育学会（1998年発足。2009年から現名称）にも所属して、実践者かつ研究者として力量を高めているのである。

このように韓国の平生教育士の職能団体は、地域と全国レベルで組織しネットワークを結びながら、大学院や研究者とも連携してその目的を遂行しているのであり、平生教育の発展のためになくてはならない存在なのである。

4 社会教育士協会などの結成への期待

任用資格である社会教育主事には、職能団体は存在しなかった。なぜならば、任命権者による発令がなされなければ社会教育主事と称することができないからであり、全国に約2,000人という社会教育主事は、基礎自治体では1自治体平均1人しか存在しないからである。

2020年度からの制度改正によって、任用資格である社会教育主事資格を取

得した者（旧制度で取得した者は、新たに生涯学習支援論と社会教育経営論を履修すれば可能）は、汎用称号である「社会教育士」を称することができるようになる。そのことは、社会教育主事の発令を受けていない自治体職員のみならず、指定管理者や民間学習団体などの職員も、社会教育士と称して仕事をすることが可能となるということであり、社会教育士の職能団体（「社会教育士協会」など）の結成が可能になったことを意味する。

　今後は、韓国の事例からさらに学び、全国レベル、地域レベルの社会教育士協会設立の可能性を追求していかなければならないだろう。

内田和浩　北海学園大学教授（2008年4月〜。社会教育主事課程を兼担）。2015年3月から9月、在外研修で韓国・大田大学校客員教授。

第4部のおわりに

　第4部は事例と引き合わせながら学習を進めることをお勧めしたい。

　本書の事例はほとんどが学習支援者によって記述されている。事例に書かれている内容もさることながら、「誰が書いているか」に着目をして学習支援者の視点から読むと、その役割と力量形成のありかたについての発見があるはずである。

　事例15〜18は、学習支援者の力量形成についての各地域での取り組みが紹介されている。川崎市の自主グループ研修（事例15）、職員の自主的な学び合い「たまいく」（事例16）、千葉県公民館連絡協議会の公民館職員の各種研修（事例17）、韓国の社会教育専門職の職能団体である平生教育士協会の活動（事例18）など学習支援者の学習の様子が描かれている。「優れた学習支援者は優れた学習者である」という言葉を心に刻みたい。

　社会教育主事を養成する際に求められる基礎的な資質・能力として示されている次の6つの能力から、学習支援者を目指す自らの学びをふりかえってみるのもいいだろう。

カリキュラムの編成に当たって養成を図るよう特に留意する能力

> ①生涯学習・社会教育の意義など教育上の基礎的知識
> ②地域課題や学習課題などの把握・分析能力
> ③社会教育行政の戦略的展開の視点に立った施策立案能力
> ④多様な主体との連携・協働に向けたネットワーク構築能力
> ⑤学習者の特性に応じてプログラムを構築する学習環境設計能力
> ⑥地域住民の自主的・自発的な学習を促す学習支援能力

文部科学省生涯学習政策局「社会教育主事講習等規程の一部を改正する省令の施行について（通知）」2018年2月28日

　学習支援者としての力量を育むために、まずは身近にどのような学習支援者がいて、どのような役割を果たし、どのように力量形成に取り組んでいるのか、実際に聞きに行ってみてはどうだろうか。

資　料

資料 1　　　「現状」と「ねらい・目標」と「事業」の関係図
資料 2　　　「目的」と「目標」と「コンセプト」の関係図
資料 3　　　男性改造講座「もてる男の条件」プログラム
資料 4-1　　事業企画書の例
資料 4-2　　事業企画書の記入例
資料 5　　　講座企画書の例
資料 6　　　著作権法第 35 条
資料 7　　　基本物品準備チェックリスト
資料 8　　　オリエンテーション資料の例
資料 9　　　ふり返りシート〈例 1 〉
資料 10　　　ふり返りシート〈例 2 〉
資料 11-1　　「みらい大学通信　No. 9」表面
資料 11-2　　「みらい大学通信　No. 9」裏面
資料 12　　　ワークショップ
資料 13　　　「ダイヤモンドランキング」シート
資料 14　　　机と椅子のレイアウトの例
資料 15　　　講座終了時のアンケートの例
資料 16　　　長期にわたる学びをふり返るシートの例
資料 17　　　学習支援にかかる人材像の類型
資料 18　　　集合研修の方法と特徴・利点・難点
資料 19　　　2018（平成 30）年 12 月 21 日　中央教育審議会答申概要
資料 20　　　教育基本法（抜粋）
資料 21　　　社会教育法（抜粋）

＊法律は改正されることがあるので、e-Gov 法令検索（https://www.e-gov.go.jp/）
　などで最新版を確認してください。

資料1　「現状」と「ねらい・目標」と「事業」の関係図

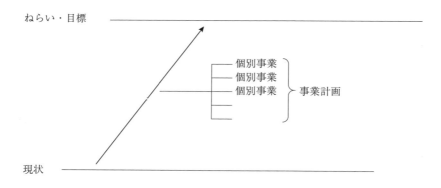

「現状」を「ねらい・目標」を近づけていく営み　→　が「事業」である。
　事業は複数の個別事業で構成されており、個別事業を整理し、体系化したものを事業計画と呼ぶ。

　現状を把握するためには調査が必要。
　調査の基本は　①教える　②比べる　③尋ねる　である。

資料2 「目的」と「目標」と「コンセプト」の関係図

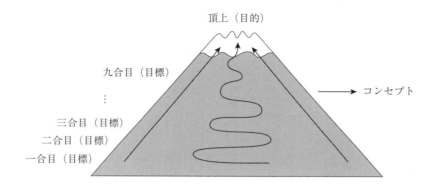

　一合目、二合目と順番に目標をクリアしながら、目的である富士山の頂上を目指していく。頂上を目指すルートには吉田ルートや須走ルートなど、複数あるように、目的に向かってどのような考え方に基づいて事業を実施していくかを「コンセプト」と言う。
　同じ目的でも、コンセプトは1つではない。
　登頂を達成すると、次なる目的を設定して、目標をクリアしつつ、目的達成に向けて進んでいく。

資料3　男性改造講座「もてる男の条件」プログラム

1990 年実施　19 時〜21 時

回	月日	内容
1	9 月 10 日	基調講演　男はなぜ「オジサン」になるのか
2	17 日	夫たちの現在—結婚をめぐる 3 つの断章 第 1 章　「離婚」その時、男たちは…
3	10 月 1 日	第 2 章　「結婚したい！」シンドローム
4	8 日	第 3 章　ある夫婦の風景
5	15 日	男たちのホームパーティー—料理・トーク・ネットワーク
6	22 日	男と女のいい関係のための 2 つの断章 第 1 章　セクシュアリティを見つめよう
7	29 日	第 2 章　カイシャにしがみつくのはやめた
8	11 月 5 日	公開フォーラム—男たちへのメッセージ— もう「オジサン」にならないで
9	19 日	もてる男への旅立ち

主催　足立区女性総合センター

地方自治体による男性問題学習の草分け的事業。
当初の 5 年間は男性だけを対象として実施。その後、男女共学となる。
1990 年度、91 年度の講座の概要については、『男性改造講座—男たちの明日へ』（足立区女性総合センター編、ドメス出版、1993 年）を参照。なお、掲載している原稿は講座の講師に執筆を依頼したものである。

〈こぼれ話〉

　初めての男性改造講座のタイトルは「もてる男の条件」だった。このタイトルを見た女性から、「うちの息子はもてないが、講座に出たらもてるようになるか」との電話があった。電話を受けた筆者は、「もてるようになります」と答えた。

　なお、「男性改造講座」という名称には、賛否があった。「女性改造」と言うと女性が怒るように、「男性改造」では男性が怒るのではないかと。主催者は、そうした男性にこそ参加してほしいと考えていた。実際、1995 年の講座には、講座の名称を変更することを目的に参加した男性もいた。しかし、参加しているうちに「この名称」を受け入れ、その後の活動の中心メンバーとなっていった。

資料 4-1　事業企画書の例

《取り組みたいテーマ》	《ニーズの 2W1H》
「 　　　　　　　　　　　」 　　　　　　　　　　を 「 　　　　　　　　　　」 　　　　状態にしたい	Why? 　（意義）： 　（原因、背景） for Whom?（対象：誰を） How　far?（どのような状態を目指すのか）
《手法・場の 3W1h》	《資源の 1W1H》
What & How?（何をどのように） When?（いつ） Where?（どこで）	Who?（誰が） How much? 　（支出） 　（収入）

大切な企画の 6W3H（この 9 つの質問に答えられない企画は共感を得られない）

○動機の 2W1H	why?	なぜ　なぜ　なぜ　なぜ
		（意義）（理由・原因）
	whom?	対象
	how far?	状態目標
○手法の 3W1H	when?	いつ
	where?	どこで
	what?	何を
	how?	どのように
○資源の 1W1H	who?	誰が
	how much?	いくらで

　1 ページで事業企画の全体像を見渡すことができる企画書の例。

　事業を実施することが目標ではなく、事業の実施を通して、どのような状態を目指すのかという「状態目標」、つまりアウトカムをイメージすることがポイントとなる。

資料 4-2　事業企画書の記入例

《取り組みたいテーマ》	《ニーズの 2W1H》
「 　将来に不安を感じている若者 　　　　　　　　　　　　　　　　」 　　　　　　　　　　　　　　　を 「 　個性・能力が発揮できる仕事に就けるように支援することで、希望を持てる人生を送ることができるような 　　　　　　　　　　　　　　　　」 　　　　　　　　　状態にしたい	Why? （意義）： • 将来に不安を感じる原因のひとつである仕事について考えることで、不安感を少なくする可能性がある （原因、背景） • 将来に不安を感じている若者が多い • 非正規雇用の増加 • 未就労者の増加 for Whom?（対象：誰を） • 中卒者、高校・大学中退者のフリーターや未就労者 How far?（どのような状態を目指すのか） • 自分の仕事に誇りを持てる • 長く働ける状態 • 生活も楽しめる
《手法・場の 3W1H》	《資源の 1W1H》
What & How?（何をどのように） • イベント開催（フリーターフェア） 　人手を求める中小企業を集め、顔合わせする。SNS やハローワークなどでフリーターに声をかける • フリーターのコミュニティづくり When?（いつ） 年 2 回（春と秋） Where?（どこで） 都内の社会教育施設	Who?（誰が） • 若者支援の NPO 法人、企業の CSR 活動を支援する市民活動センター、中小企業の経営者の集まり How much? （支出） 未定 （収入） • 自治体の助成金（競争的資金を獲得） • クラウドファンディングの活用

　大学の授業で、実際に学生が作成したものに、若干の加筆をしたもの。
　この企画書を基に、講座企画書の様式を使用して学習プログラム作成を進めた。

資料5　講座企画書の例

講座の名称（必要に応じて副題）

目的（状態目標：受講後、このようになっていてほしいと考える状態）

対象（対象についての分析も）

広報

申込方法

参加費

特記事項（例：一時保育の有無、必要な器材・資料）

必要経費

プログラム

回	日時	テーマ・内容	ねらい	学習の方法・展開	講師・学習支援者	備考
1						
2						

　学習の流れやプログラムの構造がわかりやすい企画書の例。企画者として学習の方法・展開について考えておくことは、講師などへの依頼やレジュメ内容の打ち合わせにも役立つ。

※実際の募集チラシなどには、必要な情報だけをわかりやすい表現で掲載する

講座企画書の例　169

資料6　著作権法第35条

　2018年5月18日、「著作権法の一部を改正する法律」が国会で成立し、2019年1月1日から施行されることとなった。

　改正著作権法は、デジタル・ネットワーク技術の進展に対応し、新たな著作物の利用ニーズに対応するため、著作権者の許諾を受ける必要がある行為の範囲を見直し、情報関連産業、教育、障害者、美術館などにおけるアーカイブの利活用促進を目的としている。

　なお、第35条の「教育の情報化に対応した権利制限規定等の整備」の施行については、「公布日である2018年5月25日から起算して3年を超えない範囲内において政令で定める日」とされている。したがって、現時点（2019年4月）では改正前の条文が適用されている。

〈改正前〉著作権法第35条
（学校その他の教育機関における複製等）

第三十五条　学校その他の教育機関（営利を目的として設置されているものを除く。）において教育を担任する者及び授業を受ける者は、その授業の過程における使用に供することを目的とする場合には、必要と認められる限度において、公表された著作物を複製することができる。ただし、当該著作物の種類及び用途並びにその複製の部数及び態様に照らし著作権者の利益を不当に害することとなる場合は、この限りでない。

【以下、略】

〈改正後〉著作権法第35条
（学校その他の教育機関における複製等）

第三十五条　学校その他の教育機関（営利を目的として設置されているものを除く。）において教育を担任する者及び授業を受ける者は、その授業の過程における利用に供することを目的とする場合には、その必要と認められる限度において、公表された著作物を複製し、若しくは公衆送信（自動公衆送信の場合にあつては、送信可能化を含む。以下この条において同じ。）を行い、又は公表された著作物であつて公衆送信されるものを受信装置を用いて公に伝達することができる。ただし、当該著作物の種類及び用途並びに当該複製の部数及び当該複製、公衆送信又は伝達の態様に照らし著作権者の利益を不当に害することとなる場合は、この限りでない。

【以下、略】

〈社会教育施設における複製について〉

　2004年1月1日施行の著作権法改正法によって、法第35条による著作権の制限が拡大され、学校その他の教育機関において、学習者による複製、遠隔地での授業への公衆送信等が著作権者等の許諾を得ずに行えるようになった。この改正を受け、関係権利者を中心とした著作権法第35条ガイドライン協議会が、「学校その他の教育機関における著作物の複製に関する著作権法第35条ガイドライン（平成16年3月）」をまとめた。

　法第35条において、学校その他の教育機関（営利を目的として設置されているものを除く）には、営利を目的とせず、組織的・継続的教育活動を営む教育機関であって、小中高校、大学等と同等の年間教育計画を有する公民館、青年の家等の社会教育施設も含まれるとされている。しかし、教育機関以外の病院や少年院等、青少年教育団体等は著作権法第35条の適用外となる。

　参考URL　https://www.jasrac.or.jp/info/dl/gaide_35.pdf　（アクセス：2019.5.13）

※参考　「学校における　教育活動と著作権」文化庁長官官房著作権課

資料7　基本物品準備チェックリスト

	チェック	物品	数量	備考
機器関係		マイク		広さに応じて
		ホワイトボード・黒板		マーカーの色・太さ
		パソコン		
		プロジェクター		
		スクリーン		なければ模造紙、壁面使用
		DVD プレーヤー		
		IC レコーダー		
		接続ケーブル		
		延長コード		
		パワポなど投影事前チェック		
資料関係		受付名簿・ペン		
		参加者名簿		
		学習プログラム		
		講師などの資料		
		ふり返りシート		
		アンケート		
		進行表		講師など、担当者用
文具関係		模造紙		数量
		付箋		サイズ・色・数量
		用紙		サイズ・色・数量
		筆記具		太さ・色・数量
		各種テープ		用途により使い分ける
		マグネット		数量
その他		名札		予備の用意
		案内表示		

アラームや発言者が持つトーキングオブジェクトなど、必要に応じて加除してください

資料8　オリエンテーション資料の例

学習会開催にあたって
≪参加者のみなさんへのお願い≫

- -

①開始・終了時間について
終了時間を超えてのご質問やご発言はご遠慮ください。
限られた時間を有効に使うために、進行にご協力ください。

②学習会の記録としてスタッフが写真を撮影します。
これらの写真は、記録として区の広報紙やホームページ等に掲載されることがあります。
写されたくない方は、予め文化センター職員までお申し出ください。

③講座で配布する資料のコピーや講義内容の録音はご遠慮ください。
配布する資料の転用や講座内容の録音は、著作権の問題によりお断りしています。

④「アンケート」のご記入にご協力ください。
みなさんのご意見を今後の講座やイベントに役立てたいと考えています。
率直なご意見・ご感想をぜひお聞かせください。
ご記入のうえ、学習会終了後にご提出をお願いします。

⑤手荷物・貴重品の管理はご自分でお願いします。
手元に置くようにし、紛失・盗難のないように注意してください。

⑥開催中の携帯電話のご使用はご遠慮ください。
電源をお切りになるかマナーモードに設定し、ご使用は会場の外でお願いします。

⑦パルロード3の駐輪場をお使いの方へ
文化センター利用者には「無料利用券」をお渡ししますので、必要な方は、
文化センター窓口までお越しください。

- -

主催：北区教育委員会
実施：赤羽文化センター［指定管理者㈱旺栄］

平成30年度赤羽文化センター利用団体学習会で実際に使用されたもの。

資料9　ふり返りシート〈例1〉

（事例5）「荒川コミュニティカレッジ」で使用されたシート

ふりかえり・自己学習シート

氏名　＿＿＿＿＿＿＿＿＿＿＿＿

講座名　第16回「事業企画」
日時　平成31年1月15日（火）13：30〜15：30
場所　コミカレ研修室
講師　立教大学　学校・社会教育講座特任准教授　髙井　正氏
講座内容

1. 本日の講座であなたが得たこと、変わったと感じること、考えを深めたこと、学んだこと、新たな気づき、生活に活かしたいことなど、は、どのようなことですか？　項目を1つ以上あげて、得た項目ごとに、それを得た場面や理由なども書いてください。

得たこと	場面・理由

2. この講座に参加する前と今を比べるとどんな感覚の違いがありますか。
※各項目に点数をつけ、6角形をつくりましょう。

他者と協働する学び
前向きな意欲が出た
他の人と活動した感じがした
共感があった
他の人に自身の考えを話した
他の人の話に耳を傾けた
他の人のために何かしたいと感じた

3. その他、感想、事務局へ連絡などがあれば記入してください。

公開講座・選択講座の申込み（キャンセル）などはこちらへ記入してください。

資料10　ふり返りシート〈例2〉

（事例13）西東京市柳沢公民館で使用されたシート

月　　　日

ふり返りシート　　　　氏　名

今日の講座の中で、気づいたことや感想をご記入ください。
お互いに心地良い、みんなの学びの場をつくっていきましょう。

資料9の「荒川コミュニティカレッジ」のシートとは異なり、自由に記述する形式。

資料11-1 「みらい大学通信　No.9」表面

平成30年度柳沢公民館主催事業　地域づくり未来大学
～ 学びで地域を豊かにする第一歩 ～

みらい大学通信

No.9

2月23日（土）10時～12時　柳沢公民館　視聴覚室　【　参加者：15人　】

≪ 第9回 ≫
『　西東京市の未来図を描こう
　～「学び」を「地域づくり」につなげる～』
　　　　立教大学特任准教授　　高井　正
　　　　明治大学非常勤講師　　岩松　真紀

話す過程が大切です

○聴こう　○短く話す　○書き留める

つながり　　高齢者
　　コーディネーター

私の状況 ↔ 社会的・環境的な状況
仲間の状況 ↔ 生み出している状況
　　　　　　　左右する　背景・状況

★私たちが具体的にどう動く？　公民館の企画で　地域の中で　コーディネーターなる　育てる

《高井先生から》
●公民館を使い倒す　　●次回は『私の宣言』からはじめる
・役所・行政をつくっていくのも市民の力　⇒　市役所の仕組みを知る
・自分を理解する　・気持ちを込めて聴く（傾聴）　・コーディネーターの力（語るより聴く）
・質問する力をが求められる（語りたいことを引き出す）
・少子高齢社会は、子どもから高齢者と幅広く、つながっていることを認識する
●私は何がやりたいのか（活動を見る　支援する　はじめてみる）⇒　一人一人が語れる
　⇒　私はこんなことをやってみたいを他者と共有すること　⇒　まちづくり、ひとづくりに
《岩松先生から》
・継続的な人（リーダー、コーディネーター）の育成　・はじめての人が来たくなる公民館
・生活課題≠行政課題のずれ　→接点が公民館　　・多世代の力（大学生）←企画から

皆さんのふりかえりシートから

☆フリートーキングをすると自分の経験と違いがはっきりします。自分の経験より他人の経験の方が新しい情報で興味を持ちます。参加するメンバーもそれぞれ特色があり、興味を持ちました。
公民館全体が活気ある場所になることを願っています。（Hさん）

資料 11-2 「みらい大学通信　No. 9」裏面

資料8のシート内容が転記されている。

★市としての課題と自分自身の課題、自分のやりたい事とやれる事がまだ明確でなく一致しませんが、1歩踏み出せればと思いました。（Nさん）

☆「具体的にどう動く」というテーマでテーブル会議でしたが、今までの討議内容が繰り返し出てしまったので、中々具体的な話しがまとまりにくかった。誰がやる、誰にサポートしてもらうことが大事だと思う。次のステップで具体的なまとめが必要です。まだ積み残しがあった気がします。（Kさん）

★具体的な動きとは、中々個人差があり困難な問題だ。学生とシニアの交流会（具体的な企画から）と呼びかけ運動（独りくらしの人と対策）が必要。（Nさん）

☆先ず今日は、お二人の先生のまとめのお話がとても良かったと思います。自分のふり返りの為にもなりましたし、色々改めて考えさせられました。皆さんの意見、考え方も勉強になりました。やれたらいいなと思われることが沢山（皆さんのご意見）出て、ワクワクしています。（Tさん）

★具体的な第一歩継続的なコーディネーターが必要で接点に公民館が狙ってほしい。自己理解には自信がないですが、やりたい事と出来る事には距離を感じながら努力している。"聴こう、短く話す、書きとめる"学習した事はとてもためになった。いつも当事者意識を持ちながら自己決定が出来る高齢者になりたい。（Sさん）

☆今回はオレンジカフェの作り方などの具体策もでたり、コーディネーターの養成方法など活発な話し合いが行われて考えさせられる点が多かった。（Tさん）

★「おせっかいおじさん」や「おせっかいおばさん」というのが印象的でした。子ども食堂について勉強した時におせっかいの輪をつくるという言葉がありました。地域には、おせっかいを嫌う人もいると思いますが、地域の活性化にはおせっかいが必要かもしれないと感じました。（Sさん）

☆本日の講座では自分のやりたい事とできる事は何なのか考えさせられる内容でした。西東京市の地域の中で元気で最期まで暮らせる為に何が出来るのか？大学生が参加されているので多世代交流に繋げられればと思います。（Hさん）

★少しずつだが、やりたい事が具体的になってきているか？まだまだわからない事も多いが。（Nさん）

☆具体的にどう動くか？議論が多岐にわたり、大いに燃えた。真にどう動くのか、それが問題で課題であろう。今後に向けた「第一歩」が大切か？（Tさん）

★沢山のキーワードが出たり「自己理解」という言葉でまどわされたりで混乱しています。行政の話が多かったことには少々抵抗を感じた。官製ではできないことを考えるのが、私たちのまちづくりだと思っています。（Aさん）

☆何度も同じテーマで話し合いが行われてきている。そろそろ次のステップの具体的な行動へ移らねばならない時期だと思う。行政のしくみ等をうまく利用してお節介おじさん、おばさんを増やして広げていくべきではないか。まず自分の手の届く一番身近な所から始めたらいいのでは。（Iさん）

★「しっかり公民館を使いたおそう」「課題があるのはウレシイこと」やりたいことがあるのは生きていく力があるということ。質問する力を深めよう！以上、印象に残ることばが沢山ありました。ありがとうございました。（Iさん）

資料12　ワークショップ

　ワークショップはいくつかに類型化することができる。その一つが討議・会議法に関係するもので、生涯学習においてもシンポジウムを始めとし、パネルディスカッション、ディベート、ワールドカフェなどが多用されている。そのほかの類型としては、問題解決法（例、KJ法）や体験学習法（例、フィールドワーク等）などがある。

　また、それぞれのワークショップが持つ機能や目的により、分類することもできる。第6章の参考文献に挙げた『ワークショップ・デザイン』の別冊の特別付録では、以下のように分類し、112のアクティビティについて紹介している。ここでは各分類から2つのアクティビティ名を記載した。

① 　場を温める一心をほぐす〈共通点探し、握手でチェーン〉
② 　場を温める一頭をほぐす〈二択（○×）クイズ、フェルミ推定〉
③ 　資源を引き出す一考えを引き出す〈人間マトリックス、ペアインタビュー〉
④ 　資源を引き出す一疑似体験をする〈ビジネスゲーム、ロールプレイ〉
⑤ 　資源を引き出す一実体験をする〈フィールド調査、現場取材〉
⑥ 　話し合う一考えを広げる〈ブレーンストーミング、マインドマップ〉
⑦ 　話し合う一考えを深め合う〈バズ、ワールドカフェ〉
⑧ 　話し合う一多様な視点で考える〈ロールプレイディベートゲーム、ジョハリの窓〉
⑨ 　つくりあげる一議論をまとめる〈ファシリテーション・グラフィック、SWOT〉
⑩ 　つくりあげる一制作する〈紙芝居をつくる、エクササイズをつくる〉
⑪ 　分かち合う一成果を共有する〈会場アンケート、付箋でコメント〉
⑫ 　分かち合う一活動を振り返る〈友人への手紙、フィッシュボール〉

　ワークショップの具体的な内容やそのデザイン、また、ワークショップを進行するファシリテーターに関する文献は数多く刊行されている。Web上においても簡単に検索することができる。ファシリテーターとしての力量を高めるには、場数を踏むことや先輩の助手を務めるなど、様々あるだろう。ワークショップにおけるふり返りの大切さとともに、ファシリテーターを務めた場合においても、ふり返りが大切であることは言うまでもない。

堀公俊・加藤彰『ワークショップ・デザイン』日本経済新聞出版社、2008年、別冊の特別付録

資料13 「ダイヤモンドランキング」シート

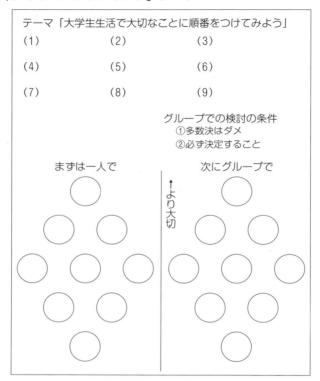

　合意形成のトレーニングであることは隠したまま進めていく。これは大学2年生以上の学生対象の授業で使用しているシート。3年生以上対象ではテーマを「学生の就職活動で大切なこと」に変更。生涯学習の講座では「地域コミュニティに期待したい役割」「セカンドライフをHappyにするためのポイント」、政治参画セミナーでは「議員活動に大切なこと」というように、目的や対象によりテーマを自由に設定することができる。これらの課題の場合には正解はない。

　9つの選択肢については講師や担当者が設定することもできるし、学習者からの提案で設定することもできる。まず、一人で左側に記載し、次に2つの「条件」を守りグループで検討し右側を埋めていく。黒板にグループごとの結果を書き、検討経過を報告。ファシリテーターからは、言葉の定義が必要、多様な意見があることを実感する、議論して納得したら自分の意見は変更してOKであること、合意形成が目的である、ことなどを説明。

　こうした優先順位を決めるワークショップには、正解がある「NASAゲーム」などもある。

資料 14　机と椅子のレイアウトの例

〈1〉スクール形式（基本形：メモを取ることができる）

〈2〉バスセッション形式（スクール形式の机を 2 本つけてグループ討議ができる）
　　　　　　　　　　（机を動かすことなく、奇数列の学習者が後ろ向きになるだけでも討議可能）

〈3〉劇場形式（スクール形式から机を外し椅子だけにした形式：大人数収容可）
　　　　　　　（会場の広さと参加予定人数を踏まえ、多様なレイアウトが可能）

机と椅子のレイアウトの例　179

〈4〉アイランド形式(グループで討議しつつ、全員が講師などを見ることができる)

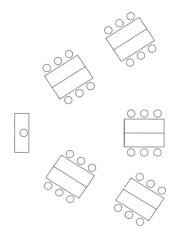

〈5〉机4本形式
　　(横の席の人の顔が見にくい)

〈6〉ひし形形式
　　(顔が見える)

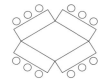

〈7〉長方形形式
　　(横の席の人の顔が見にくい)

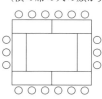

〈8〉多角形形式(顔が見える)

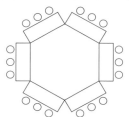

その他、椅子だけで円をつくるなど、状況に合わせて工夫したい
中野民夫『学び合う場のつくり方』岩波書店、2017年、p.60を参考に作成

資料15　講座終了時のアンケートの例

「地域づくり未来大学」アンケート　表面

地域づくり未来大学

今後の公民館事業の参考にさせていただきます。アンケートへのご協力をお願いします。

1．公民館講座に参加するのは何回目ですか？
　　□初めて　　　　　□2回～5回　　　　　□5回～10回　　　　□10回以上
　　⇒　□昨年度までの「まちづくり講座」も受講した

2．この講座の開催は何でお知りになりましたか？
　　□公民館だより　　　□ホームページ　　　□ポスター・チラシ　　　□知り合いから
　　□その他（　　　　　　　　　　　　　　　　　　　　）

┌───┐
│【知識編　5回（10/20～12/15）について伺います】
│★おとなの学び方　★なかの生涯学習サポーターの会地域活動実践事例から学ぶなど
└───┘

3．講座の内容はいかがでしたか？
　　□満足　　　□ほぼ満足　　　□やや不満　　　□不満

4．講師についてはいかがでしたか？
　　□満足　　　□ほぼ満足　　　□やや不満　　　□不満

┌───┐
│【実践編　6回（1/19～3/16）について伺います】
│★西東京市の未来図を描こう
└───┘

5．講座の内容はいかがでしたか？
　　□満足　　　□ほぼ満足　　　□やや不満　　　□不満

6．講師についてはいかがでしたか？
　　□満足　　　□ほぼ満足　　　□やや不満　　　□不満

裏面へ⇒

講座終了時のアンケートの例　　181

「地域づくり未来大学」アンケート　裏面

■【全回を通して伺います】

7．担当職員の対応（学習支援）はいかがでしたか？
　　□満足　　　　□ほぼ満足　　　　□やや不満　　　□不満

8．「地域づくり未来大学」で得た知識・体験・受講者同士のつながりと関係性等の活用
　状況についてお聞きします。
　　　① 自分の人生が豊かになった。　□はい　□いいえ　□どちらとも言えない
　　　② 家庭、日常生活、学業の中で
　　　　（すでに活かしている）　　　□はい　□いいえ　□どちらとも言えない
　　　　（これから活かしたい）　　　□はい　□いいえ　□どちらとも言えない
　　　③ 地域、社会での活動の中で
　　　　（すでに活かしている）　　　□はい　□いいえ　□どちらとも言えない
　　　　（これから活かしたい）　　　□はい　□いいえ　□どちらとも言えない
　　　④ 今回の学びを活かす機会がまだない。　□はい　□いいえ　□どちらとも言えない
　　　⑤ その他があれば、自由記載をお願いします。

9．今後の「地域づくり未来大学」では、どのような学びが必要だと思いますか？
　　また、なぜ必要だと思うかを、可能であればその理由をお聞かせください。

10．今回の講座で学んだあなた自身のキーワードを教えてください。
　　＊ 該当する番号に丸を囲んでください（複数回答可）
　　① 学ぶことの喜び　② わくわく感（面白さ）③ 人生の生きがい　④ 新たな課題の発見
　　⑤ キャリア開発の糸口　⑥ 他者への理解・思いやり　⑦ わずらわしさ
　　⑧ 地域活動への理解と知識　⑨ 地域活動のキッカケ　⑩ 従来活動の見直し・発展
　　⑪ その他（　　　　　　　　　　　　　　　　　　　　　　　　　）

　＊ ○で囲んでください。
　　　　性別【　男　・　女　】　年齢【 20、30、40、50、60、70、80 歳代 】

　　　　☆★　ご協力ありがとうございました　★☆

実際に使用されたアンケート。満足度については４段階で評価し、その理由も記述することも求めている。

資料16　長期にわたる学びをふり返るシートの例

H30 としま学びスタイル研究所事業　第2回学習ネットワーク交流会　マトメ

「今年の学びどうだった？」ふりかえりシート

ご所属（マナビト生は学籍番号）

お名前

＊この1年間のあなたの学びをふりかえって、ご記入ください。どんなささいなことでもかまいません。
＊このシートはこのまま印刷し、3月2日「学習ネットワーク交流会マトメ」当日に全員に配付します。

(1) この1年をふりかえって、どのようなことを学びましたか？

(2) 学んだことを誰かに話しましたか？相手の反応はいかがでしたか？

(3) (2)の時、ご自身はいかがでしたか？またそれをどのように生活の中で活かしましたか？

(4) 学んだ成果を発信したり、学びのネットワークを広げる時にどのような手段を取りましたか？

(5) その他、学びについての自由意見をご記入ください。

ご協力いただきありがとうございました。　　　　　　　　提出締切　2月25日（月）

記入したシートは印刷し参加者に配付され、これを基にグループごとの話し合いが行われた。

資料17　学習支援にかかる人材像の類型

	職務や活動の内容	社会教育主事	社会教育関係職員	ボランタリーな学習支援者
1.条件整備	学習情報の提供（講座タイプ）	○	○	○
	社会参加の場や機会の提供	• 社会教育委員の委嘱 • 社会教育委員会議の開催	• 運営審議会などの開催 • 講座企画委員会の開催	○
	活動の場の提供	• 社会教育施設の設置	• 社会教育施設の運営	• 居場所づくり、コミュニティカフェ
	組織化支援	• 関係団体相互の連携支援	• グループ化支援	• グループ化支援
	行政と住民との接続	• 社会教育計画策定事務局（条件整備の基盤となるもの）	• 学習にかかる様々な意見や要望を聞く窓口としての機能	• アドボカシー
2.対人的な学習支援	個人へのファシリテーション	―	○	○
	集団へのファシリテーション	• 研修会の開催 • PTAなど関連組織・団体との連携	• 施設使用団体	• 各種市民活動団体
	個人へのコーディネーション	―	○	○
	集団へのコーディネーション	• 組織・団体連携	○	○
	学習相談・カウンセリング	• 行政内部、職員・支援者	○	○
3.事業・イベントの企画実施	知識の提供	• 政策の普及、啓発	○	○
	交流の場や機会の提供		○	○
	ネットワーキング	• 団体や行政機関のネットワーク • 他の教育委員会との連携	○	○
4.協働のための対応	学校	• 協働の仕組みづくり	• 社会教育施設などとの連携・協働	• 地域・学校協働（子供対応）
	NPO	• 協働の仕組みづくり	• 利用者団体をとおして連携	
	町内会や社会福祉団体との関係	• 協働の仕組みづくり	• 地域のイベントをとおして連携	
5.活動資金の調達	活動資金	• 公費 • 予算の獲得	• 公費 • 事業費の執行	• 会費、寄付金、 • 委託金・補助金・助成金など
6.勤務の形	雇用（賃金）の形態	• 常勤の行政職員（公務員）	• 常勤の行政職員 • 非常勤の行政職員 • 指定管理事業者社員	• ボランティア（無償） • 所属する組織からの賃金 • 委託機関からの謝金

全国社会教育職員養成研究連絡協議会「社会教育関係人材の養成・資質向上に関する検討委員会報告」、『社会教育職員研究』第25号、2018年、p.53を一部修正

資料18　集合研修の方法と特徴・利点・難点

方法	特徴	利点	難点
講義型	・講師が行う講義を受ける ・体系的・理論的学習向き	・伝えられる情報量が多い ・運営や進行がコントロールしやすい	・参加者が受動的になりがち ・理解度にバラツキが出る
参加型	・対話や共同作業が中心（ワークショップ型） ・自ら課題を見つけることのできる自立型人材の育成を目指す	・参加者の自主性・主体性が発揮され能動的になる ・参加同士のコミュニケーションが深まる	・伝えられる情報が限定的になる ・運営や進行をコントロールしづらい
e ラーニング	・情報技術を用いて行う学習形態	・端末があれば、いつでもどこでも受講が可能である ・会議室の手配、移動の手間が省ける ・オンデマンド型の場合、繰り返し受講が可能である ・オンデマンド型の場合、自分の都合のよい時間に自分のペースで学習できる	・受講することへの強制力が弱い ・通信環境が整備できているかどうかに、左右される ・臨場感がない

資料 19　2018（平成 30）年 12 月 21 日　中央教育審議会答申概要

人口減少時代の新しい地域づくりに向けた社会教育の振興方策について（答申）概要

第 1 部　今後の地域における社会教育の在り方

＜地域における社会教育の目指すもの＞

1．地域における社会教育の意義と果たすべき役割～「社会教育」を基盤とした、人づくり・つながりづくり・地域づくり～

多様化し複雑化する課題と社会の変化への対応の要請

・人口減少、高齢化、グローバル化、貧困、つながりの希薄化、社会的孤立、地方財政の悪化、SDGsに向けた取組　等
　⇒ 持続可能な社会づくりを進めるために、住民自らが担い手として地域運営に主体的に関わっていくことが重要

・人生100年時代の到来、Society5.0実現の提唱　等
　⇒ 誰もが生涯にわたり必要な学習を行い、その成果を生かすことのできる生涯学習社会の実現へ向けた取組が必要

社会教育：個人の成長と地域社会の発展の双方に重要な意義と役割

人づくり
自主的・自発的な学びによる知的欲求の充足、自己実現・成長

つながりづくり
住民の相互学習を通じ、つながり意識や住民同士の絆の強化

学びと活動の好循環

地域づくり
地域に対する愛着や帰属意識、地域の将来像を考え取り組む意欲の喚起
住民の主体的参画による地域課題解決

2．新たな社会教育の方向性　～開かれ、つながる社会教育の実現～

住民の主体的な参加のためのきっかけづくり
社会的に孤立しがちな人々も含め、より多くの住民の主体的な参加を得られるような方策を工夫し強化

ネットワーク型行政の実質化
社会教育行政担当部局で完結させず、首長、NPO、大学、企業等と幅広く連携・協働

地域の学びと活動を活性化する人材の活躍
学びや活動と参加者をつなぎ、地域の学びと活動を活性化する多様な人材の活躍を後押し

開かれ、つながる社会教育へ

＜「社会教育」を基盤とした、人づくり・つながりづくり・地域づくりに向けた具体的な方策＞

1．学びへの参加のきっかけづくりの推進
・楽しさをベースとした学びや地域防災、健康長寿など、関心の高い学び等、学びや活動のきっかけづくりを工夫
・子供・若者の参加を促し、地域との関わりの動機付けとなり得る成功体験づくり
・社会で孤立しがちな人に対して、福祉部局等との連携により、アウトリーチの取組を強化
・各地における具体的な取組の収集・共有、地域における活動の事例分析と周知

2．多様な主体との連携・協働の推進
・首長部局との連携を効果的に図るため、総合教育会議の活用や、部局間の人事交流を推進
・NPO、企業、大学等と行政関係者との積極的な意見交換や協議
・地域学校協働活動を核にした社会教育と学校教育の一層の連携・協働

3．多様な人材の幅広い活躍の促進
・地域の課題解決等に熱意を持って取り組む多様な人材を社会教育の活動に巻き込み、連携
・教育委員会における社会教育主事の確実な配置、多様な主体による「社会教育士」の取得推奨

4．社会教育の基盤整備と多様な資金調達手法の活用等
・各地方公共団体における十分な社会教育費の確保を含めた基盤整備
・クラウドファンディング等の多様な資金調達手法の活用

1

第2部 今後の社会教育施設の在り方

＜今後の社会教育施設に求められる役割＞

社会教育施設には、地域の学習拠点としての役割に加え、以下のような役割も期待。
- 公民館：地域コミュニティの維持と持続的な発展を推進するセンター的役割、地域の防災拠点
- 図書館：他部局と連携した個人のスキルアップや就業等の支援、住民のニーズに対応できる情報拠点
- 博物館：学校における学習内容に即した展示・教育事業の実施、観光振興や国際交流の拠点

＜今後の社会教育施設の所管の在り方＞

このような中、地方公共団体から、地方公共団体の判断により、地方公共団体の長が公立社会教育施設を所管することができる仕組み（以下「特例」という。）を導入すべきとの意見が提出。これについて検討し、必要な措置を講ずる必要（「平成29年の地方からの提案等に関する対応方針」（平成29年12月26日閣議決定））。

生涯学習社会の実現に向けた横断的・総合的な教育行政の展開に向け、社会教育に関する事務については今後とも教育委員会の所管を基本とすべき。
一方、地方の実情等を踏まえ、より効果的と判断される場合には、地方公共団体の判断により地方公共団体の長が公立社会教育施設を所管できる特例を設けることについて、社会教育の適切な実施の確保に関する制度的担保が行われることを条件に、可とすべき。

◆ 特例を設けることについて
（他行政分野との一体的運営による質の高い行政の実現の可能性）
- 社会教育施設の事業と、まちづくりや観光等の他の行政分野の社会教育に関連する事業等とを一体的に推進することで、より充実したサービス等を実現できる可能性。
- 福祉、労働、産業、観光、まちづくり、青少年健全育成等の他の行政分野における人的・物的資源や専門知識、ノウハウ、ネットワーク等の活用により、社会教育行政全体を活性化できる可能性。
- 社会教育の新たな担い手として、まちづくりや課題解決に熱意を持って取り組んでいるがこれまで社会教育と関わりがなかった人材を育成・発掘できる可能性。

（施設の効果的・効率的な整備・運営の可能性）
- 首長部局が中心となって行っている社会資本整備計画等を通じた施設の戦略的な整備や、様々な分野が複合した施設の所管を一元化することによる、当該施設の効率的な運営の可能性。

◆ 社会教育の適切な実施の確保の在り方について
同時に、社会教育の適切な実施の確保（政治的中立性の確保、住民の意向の反映、社会教育施設としての専門性の確保、社会教育と学校教育の連携等）のためには、本件特例を設けるに当たり、教育委員会による関与など一定の担保措置※を講ずる必要がある。

※担保措置については、例えば、地方公共団体において所管の特例についての条例を定める際に、教育委員会の意見を聴くこととする、といった例が議論されたが、具体的な在り方については、国において、法制化のプロセスにおいて具体的に検討すべき。

◆ 地方公共団体において特例措置を活用する場合に留意が求められる点
- 特例が活用される場合でも、当該施設は引き続き社会教育施設であり、法令の規定を踏まえた専門的職員の配置・研修、運営審議会等を活用した評価・情報発信等が重要。
- 教育委員会は社会教育振興の牽引役として引き続き積極的な役割を果たしていくことが重要（総合教育会議等の活用、首長部局やNPO等との連携・調整等）。地方行政全体の中に、社会教育を基盤とした、学びを通じた人づくり・つながりづくり・地域づくりの視点を明確に組み込んでいくことが重要。

資料20 教育基本法（抜粋）

教育基本法（平成十八年法律第百二十号）

教育基本法（昭和二十二年法律第二十五号）の全部を改正する。

前文

我々日本国民は、たゆまぬ努力によって築いてきた民主的で文化的な国家を更に発展させるとともに、世界の平和と人類の福祉の向上に貢献することを願うものである。我々は、この理想を実現するため、個人の尊厳を重んじ、真理と正義を希求し、公共の精神を尊び、豊かな人間性と創造性を備えた人間の育成を期するとともに、伝統を継承し、新しい文化の創造を目指す教育を推進する。ここに、我々は、日本国憲法の精神にのっとり、我が国の未来を切り拓く教育の基本を確立し、その振興を図るため、この法律を制定する。

第一章　教育の目的及び理念

（教育の目的）

第一条　教育は、人格の完成を目指し、平和で民主的な国家及び社会の形成者として必要な資質を備えた心身ともに健康な国民の育成を期して行われなければならない。

（教育の目標）

第二条　教育は、その目的を実現するため、学問の自由を尊重しつつ、次に掲げる目標を達成するよう行われるものとする。

- **一**　幅広い知識と教養を身に付け、真理を求める態度を養い、豊かな情操と道徳心を培うとともに、健やかな身体を養うこと。
- **二**　個人の価値を尊重して、その能力を伸ばし、創造性を培い、自主及び自律の精神を養うとともに、職業及び生活との関連を重視し、勤労を重んずる態度を養うこと。
- **三**　正義と責任、男女の平等、自他の敬愛と協力を重んずるとともに、公共の精神に基づき、主体的に社会の形成に参画し、その発展に寄与する態度を養うこと。
- **四**　生命を尊び、自然を大切にし、環境の保全に寄与する態度を養うこと。
- **五**　伝統と文化を尊重し、それらをはぐくんできた我が国と郷土を愛するとともに、他国を尊重し、国際社会の平和と発展に寄与する態度を養うこと。

（生涯学習の理念）

第三条　国民一人一人が、自己の人格を磨き、豊かな人生を送ることができるよう、その生涯にわたって、あらゆる機会に、あらゆる場所において学習することができ、その成果を適切に生かすことのできる社会の実現が図られなければならない。

（教育の機会均等）

第四条　すべて国民は、ひとしく、その能力に応じた教育を受ける機会を与えられなければならず、人種、信条、性別、社会的身分、経済的地位又は門地によって、教育上差別されない。

2　国及び地方公共団体は、障害のある者が、その障害の状態に応じ、十分な教育を受けられるよう、教育上必要な支援を講じなければならない。

3　国及び地方公共団体は、能力があるにもかかわらず、経済的理由によって修学が困難な者に対して、奨学の措置を講じなければならない。

第二章　教育の実施に関する基本

（義務教育）

第五条　国民は、その保護する子に、別に法律で定めるところにより、普通教育を受けさせる義務を負う。

2　義務教育として行われる普通教育は、各個人の有する能力を伸ばしつつ社会において自立的に生きる基礎を培い、また、国家及び社会の形成者として必要とされる基本的な資質を養うことを目的として行われるものとする。

3　国及び地方公共団体は、義務教育の機会を保障し、その水準を確保するため、適切な役割分担及び相互の協力の下、その実施に責任を負う。

4　国又は地方公共団体の設置する学校における義務教育については、授業料を徴収しない。

（学校教育）

第六条　法律に定める学校は、公の性質を有するものであって、国、地方公共団体及び法律に定める法人のみが、これを設置することができる。

2　前項の学校においては、教育の目標が達成されるよう、教育を受ける者の心身の発達に応じて、体系的な教育が組織的に行われなければならない。この場合において、教育を受ける者が、学校生活を営む上で必要な規律を重んずるとともに、自ら進んで学習に取り組む意欲を高めることを重視して行われなければならない。

（大学）

第七条　大学は、学術の中心として、高い教養と専門的能力を培うとともに、深く真理を探究して新たな知見を創造し、これらの成果を広く社会に提供することにより、社会の発展に寄与するものとする。

2　大学については、自主性、自律性その他の大学における教育及び研究の特性が尊重されなければならない。

（私立学校）

第八条　私立学校の有する公の性質及び学校教育において果たす重要な役割にかんがみ、国及び地方公共団体は、その自主性を尊重しつつ、助成その他の適当な方法によって私

立学校教育の振興に努めなければならない。

（教員）

第九条　法律に定める学校の教員は、自己の崇高な使命を深く自覚し、絶えず研究と修養に励み、その職責の遂行に努めなければならない。

2　前項の教員については、その使命と職責の重要性にかんがみ、その身分は尊重され、待遇の適正が期せられるとともに、養成と研修の充実が図られなければならない。

（家庭教育）

第十条　父母その他の保護者は、子の教育について第一義的責任を有するものであって、生活のために必要な習慣を身に付けさせるとともに、自立心を育成し、心身の調和のとれた発達を図るよう努めるものとする。

2　国及び地方公共団体は、家庭教育の自主性を尊重しつつ、保護者に対する学習の機会及び情報の提供その他の家庭教育を支援するために必要な施策を講ずるよう努めなければならない。

（幼児期の教育）

第十一条　幼児期の教育は、生涯にわたる人格形成の基礎を培う重要なものであることにかんがみ、国及び地方公共団体は、幼児の健やかな成長に資する良好な環境の整備その他適当な方法によって、その振興に努めなければならない。

（社会教育）

第十二条　個人の要望や社会の要請にこたえ、社会において行われる教育は、国及び地方公共団体によって奨励されなければならない。

2　国及び地方公共団体は、図書館、博物館、公民館その他の社会教育施設の設置、学校の施設の利用、学習の機会及び情報の提供その他の適当な方法によって社会教育の振興に努めなければならない。

（学校、家庭及び地域住民等の相互の連携協力）

第十三条　学校、家庭及び地域住民その他の関係者は、教育におけるそれぞれの役割と責任を自覚するとともに、相互の連携及び協力に努めるものとする。

（政治教育）

第十四条　良識ある公民として必要な政治的教養は、教育上尊重されなければならない。

2　法律に定める学校は、特定の政党を支持し、又はこれに反対するための政治教育その他政治的活動をしてはならない。

（宗教教育）

第十五条　宗教に関する寛容の態度、宗教に関する一般的な教養及び宗教の社会生活における地位は、教育上尊重されなければならない。

2 国及び地方公共団体が設置する学校は、特定の宗教のための宗教教育その他宗教的活動をしてはならない。

第三章　教育行政

（教育行政）
第十六条　教育は、不当な支配に服することなく、この法律及び他の法律の定めるところにより行われるべきものであり、教育行政は、国と地方公共団体との適切な役割分担及び相互の協力の下、公正かつ適正に行われなければならない。
2　国は、全国的な教育の機会均等と教育水準の維持向上を図るため、教育に関する施策を総合的に策定し、実施しなければならない。
3　地方公共団体は、その地域における教育の振興を図るため、その実情に応じた教育に関する施策を策定し、実施しなければならない。
4　国及び地方公共団体は、教育が円滑かつ継続的に実施されるよう、必要な財政上の措置を講じなければならない。

（教育振興基本計画）
第十七条　政府は、教育の振興に関する施策の総合的かつ計画的な推進を図るため、教育の振興に関する施策についての基本的な方針及び講ずべき施策その他必要な事項について、基本的な計画を定め、これを国会に報告するとともに、公表しなければならない。
2　地方公共団体は、前項の計画を参酌し、その地域の実情に応じ、当該地方公共団体における教育の振興のための施策に関する基本的な計画を定めるよう努めなければならない。

第四章　法令の制定
第十八条　この法律に規定する諸条項を実施するため、必要な法令が制定されなければならない。

附　則　抄

（施行期日）
1　この法律は、公布の日から施行する。

資料 21　社会教育法（抜粋）

社会教育法（昭和二十四年法律第二百七号）

施行日：　令和元年六月七日

最終更新：　令和元年六月七日公布（令和元年法律第二十六号）改正

第一章　総則

（この法律の目的）

第一条　この法律は、教育基本法（平成十八年法律第百二十号）の精神に則り、社会教育に関する国及び地方公共団体の任務を明らかにすることを目的とする。

（社会教育の定義）

第二条　この法律において「社会教育」とは、学校教育法（昭和二十二年法律第二十六号）又は就学前の子どもに関する教育、保育等の総合的な提供の推進に関する法律（平成十八年法律第七十七号）に基づき、学校の教育課程として行われる教育活動を除き、主として青少年及び成人に対して行われる組織的な教育活動（体育及びレクリエーションの活動を含む。）をいう。

（国及び地方公共団体の任務）

第三条　国及び地方公共団体は、この法律及び他の法令の定めるところにより、社会教育の奨励に必要な施設の設置及び運営、集会の開催、資料の作製、頒布その他の方法により、すべての国民があらゆる機会、あらゆる場所を利用して、自ら実際生活に即する文化的教養を高め得るような環境を醸成するように努めなければならない。

2　国及び地方公共団体は、前項の任務を行うに当たつては、国民の学習に対する多様な需要を踏まえ、これに適切に対応するために必要な学習の機会の提供及びその奨励を行うことにより、生涯学習の振興に寄与することとなるよう努めるものとする。

3　国及び地方公共団体は、第一項の任務を行うに当たつては、社会教育が学校教育及び家庭教育との密接な関連性を有することにかんがみ、学校教育との連携の確保に努め、及び家庭教育の向上に資することとなるよう必要な配慮をするとともに、学校、家庭及び地域住民その他の関係者相互間の連携及び協力の促進に資することとなるよう努めるものとする。

（国の地方公共団体に対する援助）

第四条　前条第一項の任務を達成するために、国は、この法律及び他の法令の定めるところにより、地方公共団体に対し、予算の範囲内において、財政的援助並びに物資の提供及びそのあつせんを行う。

（市町村の教育委員会の事務）

第五条　市（特別区を含む。以下同じ。）町村の教育委員会は、社会教育に関し、当該地方の必要に応じ、予算の範囲内において、次の事務を行う。

一　社会教育に必要な援助を行うこと。

二　社会教育委員の委嘱に関すること。

三　公民館の設置及び管理に関すること。

四　所管に属する図書館、博物館、青年の家その他の社会教育施設の設置及び管理に関すること。

五　所管に属する学校の行う社会教育のための講座の開設及びその奨励に関すること。

六　講座の開設及び討論会、講習会、講演会、展示会その他の集会の開催並びにこれらの奨励に関すること。

七　家庭教育に関する学習の機会を提供するための講座の開設及び集会の開催並びに家庭教育に関する情報の提供並びにこれらの奨励に関すること。

八　職業教育及び産業に関する科学技術指導のための集会の開催並びにその奨励に関すること。

九　生活の科学化の指導のための集会の開催及びその奨励に関すること。

十　情報化の進展に対応して情報の収集及び利用を円滑かつ適正に行うために必要な知識又は技能に関する学習の機会を提供するための講座の開設及び集会の開催並びにこれらの奨励に関すること。

十一　運動会、競技会その他体育指導のための集会の開催及びその奨励に関すること。

十二　音楽、演劇、美術その他芸術の発表会等の開催及びその奨励に関すること。

十三　主として学齢児童及び学齢生徒（それぞれ学校教育法第十八条に規定する学齢児童及び学齢生徒をいう。）に対し、学校の授業の終了後又は休業日において学校、社会教育施設その他適切な施設を利用して行う学習その他の活動の機会を提供する事業の実施並びにその奨励に関すること。

十四　青少年に対しボランティア活動など社会奉仕体験活動、自然体験活動その他の体験活動の機会を提供する事業の実施及びその奨励に関すること。

十五　社会教育における学習の機会を利用して行つた学習の成果を活用して学校、社会教育施設その他地域において行う教育活動その他の活動の機会を提供する事業の実施及びその奨励に関すること。

十六　社会教育に関する情報の収集、整理及び提供に関すること。

十七　視聴覚教育、体育及びレクリエーションに必要な設備、器材及び資料の提供に関すること。

十八　情報の交換及び調査研究に関すること。

十九　その他第三条第一項の任務を達成するために必要な事務

2　市町村の教育委員会は、前項第十三号から第十五号までに規定する活動であつて地域住民その他の関係者（以下この項及び第九条の七第二項において「地域住民等」という。）が学校と協働して行うもの（以下「地域学校協働活動」という。）の機会を提供す

る事業を実施するに当たつては、地域住民等の積極的な参加を得て当該地域学校協働活動が学校との適切な連携の下に円滑かつ効果的に実施されるよう、地域住民等と学校との連携協力体制の整備、地域学校協働活動に関する普及啓発その他の必要な措置を講ずるものとする。

3　地方教育行政の組織及び運営に関する法律（昭和三十一年法律第百六十二号）第二十三条第一項の条例の定めるところによりその長が同項第一号に掲げる事務（以下「特定事務」という。）を管理し、及び執行することとされた地方公共団体（以下「特定地方公共団体」という。）である市町村にあつては、第一項の規定にかかわらず、同項第三号及び第四号の事務のうち特定事務に関するものは、その長が行うものとする。

（都道府県の教育委員会の事務）
第六条　都道府県の教育委員会は、社会教育に関し、当該地方の必要に応じ、予算の範囲内において、前条第一項各号の事務（同項第三号の事務を除く。）を行うほか、次の事務を行う。
　一　公民館及び図書館の設置及び管理に関し、必要な指導及び調査を行うこと。
　二　社会教育を行う者の研修に必要な施設の設置及び運営、講習会の開催、資料の配布等に関すること。
　三　社会教育施設の設置及び運営に必要な物資の提供及びそのあつせんに関すること。
　四　市町村の教育委員会との連絡に関すること。
　五　その他法令によりその職務権限に属する事項
2　前条第二項の規定は、都道府県の教育委員会が地域学校協働活動の機会を提供する事業を実施する場合に準用する。
3　特定地方公共団体である都道府県にあつては、第一項の規定にかかわらず、前条第一項第四号の事務のうち特定事務に関するものは、その長が行うものとする。

（教育委員会と地方公共団体の長との関係）
第七条　地方公共団体の長は、その所掌に関する必要な広報宣伝で視聴覚教育の手段を利用することその他教育の施設及び手段によることを適当とするものにつき、教育委員会に対し、その実施を依頼し、又は実施の協力を求めることができる。
2　前項の規定は、他の行政庁がその所掌に関する必要な広報宣伝につき、教育委員会（特定地方公共団体にあつては、その長又は教育委員会）に対し、その実施を依頼し、又は実施の協力を求める場合に準用する。
第八条　教育委員会は、社会教育に関する事務を行うために必要があるときは、当該地方公共団体の長及び関係行政庁に対し、必要な資料の提供その他の協力を求めることができる。
第八条の二　特定地方公共団体の長は、特定事務のうち当該特定地方公共団体の教育委員会の所管に属する学校、社会教育施設その他の施設における教育活動と密接な関連を有するものとして当該特定地方公共団体の規則で定めるものを管理し、及び執行するに当たつては、当該教育委員会の意見を聴かなければならない。

2　特定地方公共団体の長は、前項の規則を制定し、又は改廃しようとするときは、あらかじめ、当該特定地方公共団体の教育委員会の意見を聴かなければならない。

第八条の三　特定地方公共団体の教育委員会は、特定事務の管理及び執行について、その職務に関して必要と認めるときは、当該特定地方公共団体の長に対し、意見を述べることができる。

（図書館及び博物館）
第九条　図書館及び博物館は、社会教育のための機関とする。
2　図書館及び博物館に関し必要な事項は、別に法律をもつて定める。

第二章　社会教育主事等

（社会教育主事及び社会教育主事補の設置）
第九条の二　都道府県及び市町村の教育委員会の事務局に、社会教育主事を置く。
2　都道府県及び市町村の教育委員会の事務局に、社会教育主事補を置くことができる。

（社会教育主事及び社会教育主事補の職務）
第九条の三　社会教育主事は、社会教育を行う者に専門的技術的な助言と指導を与える。ただし、命令及び監督をしてはならない。
2　社会教育主事は、学校が社会教育関係団体、地域住民その他の関係者の協力を得て教育活動を行う場合には、その求めに応じて、必要な助言を行うことができる。
3　社会教育主事補は、社会教育主事の職務を助ける。

（社会教育主事の資格）
第九条の四　次の各号のいずれかに該当する者は、社会教育主事となる資格を有する。
　一　大学に二年以上在学して六十二単位以上を修得し、又は高等専門学校を卒業し、かつ、次に掲げる期間を通算した期間が三年以上になる者で、次条の規定による社会教育主事の講習を修了したもの
　　イ　社会教育主事補の職にあつた期間
　　ロ　官公署、学校、社会教育施設又は社会教育関係団体における職で司書、学芸員その他の社会教育主事補の職と同等以上の職として文部科学大臣の指定するものにあつた期間
　　ハ　官公署、学校、社会教育施設又は社会教育関係団体が実施する社会教育に関係のある事業における業務であつて、社会教育主事として必要な知識又は技能の習得に資するものとして文部科学大臣が指定するものに従事した期間（イ又はロに掲げる期間に該当する期間を除く。）
　二　教育職員の普通免許状を有し、かつ、五年以上文部科学大臣の指定する教育に関する職にあつた者で、次条の規定による社会教育主事の講習を修了したもの

社会教育法（抜粋）｜195

三　大学に二年以上在学して、六十二単位以上を修得し、かつ、大学において文部科学省令で定める社会教育に関する科目の単位を修得した者で、第一号イからハまでに掲げる期間を通算した期間が一年以上になるもの

四　次条の規定による社会教育主事の講習を修了した者（第一号及び第二号に掲げる者を除く。）で、社会教育に関する専門的事項について前三号に掲げる者に相当する教養と経験があると都道府県の教育委員会が認定したもの

（社会教育主事の講習）
第九条の五　社会教育主事の講習は、文部科学大臣の委嘱を受けた大学その他の教育機関が行う。

2　受講資格その他社会教育主事の講習に関し必要な事項は、文部科学省令で定める。

（社会教育主事及び社会教育主事補の研修）
第九条の六　社会教育主事及び社会教育主事補の研修は、任命権者が行うもののほか、文部科学大臣及び都道府県が行う。

（地域学校協働活動推進員）
第九条の七　教育委員会は、地域学校協働活動の円滑かつ効果的な実施を図るため、社会的信望があり、かつ、地域学校協働活動の推進に熱意と識見を有する者のうちから、地域学校協働活動推進員を委嘱することができる。

2　地域学校協働活動推進員は、地域学校協働活動に関する事項につき、教育委員会の施策に協力して、地域住民等と学校との間の情報の共有を図るとともに、地域学校協働活動を行う地域住民等に対する助言その他の援助を行う。

第三章　社会教育関係団体

（社会教育関係団体の定義）
第十条　この法律で「社会教育関係団体」とは、法人であると否とを問わず、公の支配に属しない団体で社会教育に関する事業を行うことを主たる目的とするものをいう。

（文部科学大臣及び教育委員会との関係）
第十一条　文部科学大臣及び教育委員会は、社会教育関係団体の求めに応じ、これに対し、専門的技術的指導又は助言を与えることができる。

2　文部科学大臣及び教育委員会は、社会教育関係団体の求めに応じ、これに対し、社会教育に関する事業に必要な物資の確保につき援助を行う。

（国及び地方公共団体との関係）
第十二条　国及び地方公共団体は、社会教育関係団体に対し、いかなる方法によつても、不当に統制的支配を及ぼし、又はその事業に干渉を加えてはならない。

（審議会等への諮問）

第十三条　国又は地方公共団体が社会教育関係団体に対し補助金を交付しようとする場合には、あらかじめ、国にあつては文部科学大臣が審議会等（国家行政組織法（昭和二十三年法律第百二十号）第八条に規定する機関をいう。第五十一条第三項において同じ。）で政令で定めるものの、地方公共団体にあつては教育委員会が社会教育委員の会議（社会教育委員が置かれていない場合には、条例で定めるところにより社会教育に係る補助金の交付に関する事項を調査審議する審議会その他の合議制の機関）の意見を聴いて行わなければならない。

（報告）

第十四条　文部科学大臣及び教育委員会は、社会教育関係団体に対し、指導資料の作製及び調査研究のために必要な報告を求めることができる。

第四章　社会教育委員

（社会教育委員の設置）

第十五条　都道府県及び市町村に社会教育委員を置くことができる。

2　社会教育委員は、教育委員会が委嘱する。

第十六条　削除

（社会教育委員の職務）

第十七条　社会教育委員は、社会教育に関し教育委員会に助言するため、次の職務を行う。

　一　社会教育に関する諸計画を立案すること。

　二　定時又は臨時に会議を開き、教育委員会の諮問に応じ、これに対して、意見を述べること。

　三　前二号の職務を行うために必要な研究調査を行うこと。

2　社会教育委員は、教育委員会の会議に出席して社会教育に関し意見を述べることができる。

3　市町村の社会教育委員は、当該市町村の教育委員会から委嘱を受けた青少年教育に関する特定の事項について、社会教育関係団体、社会教育指導者その他関係者に対し、助言と指導を与えることができる。

（社会教育委員の委嘱の基準等）

第十八条　社会教育委員の委嘱の基準、定数及び任期その他社会教育委員に関し必要な事項は、当該地方公共団体の条例で定める。この場合において、社会教育委員の委嘱の基準については、文部科学省令で定める基準を参酌するものとする。

第十九条　削除

社会教育法（抜粋）　197

第五章　公民館

（目的）
第二十条　公民館は、市町村その他一定区域内の住民のために、実際生活に即する教育、学術及び文化に関する各種の事業を行い、もつて住民の教養の向上、健康の増進、情操の純化を図り、生活文化の振興、社会福祉の増進に寄与することを目的とする。

（公民館の設置者）
第二十一条　公民館は、市町村が設置する。
2　前項の場合を除くほか、公民館は、公民館の設置を目的とする一般社団法人又は一般財団法人（以下この章において「法人」という。）でなければ設置することができない。
3　公民館の事業の運営上必要があるときは、公民館に分館を設けることができる。

（公民館の事業）
第二十二条　公民館は、第二十条の目的達成のために、おおむね、左の事業を行う。但し、この法律及び他の法令によつて禁じられたものは、この限りでない。
　　一　定期講座を開設すること。
　　二　討論会、講習会、講演会、実習会、展示会等を開催すること。
　　三　図書、記録、模型、資料等を備え、その利用を図ること。
　　四　体育、レクリエーション等に関する集会を開催すること。
　　五　各種の団体、機関等の連絡を図ること。
　　六　その施設を住民の集会その他の公共的利用に供すること。

（公民館の運営方針）
第二十三条　公民館は、次の行為を行つてはならない。
　　一　もつぱら営利を目的として事業を行い、特定の営利事務に公民館の名称を利用させその他営利事業を援助すること。
　　二　特定の政党の利害に関する事業を行い、又は公私の選挙に関し、特定の候補者を支持すること。
2　市町村の設置する公民館は、特定の宗教を支持し、又は特定の教派、宗派若しくは教団を支援してはならない。

（公民館の基準）
第二十三条の二　文部科学大臣は、公民館の健全な発達を図るために、公民館の設置及び運営上必要な基準を定めるものとする。
2　文部科学大臣及び都道府県の教育委員会は、市町村の設置する公民館が前項の基準に従つて設置され及び運営されるように、当該市町村に対し、指導、助言その他の援助に努めるものとする。

（公民館の設置）

第二十四条　市町村が公民館を設置しようとするときは、条例で、公民館の設置及び管理に関する事項を定めなければならない。

第二十五条　削除

第二十六条　削除

（公民館の職員）

第二十七条　公民館に館長を置き、主事その他必要な職員を置くことができる。

2　館長は、公民館の行う各種の事業の企画実施その他必要な事務を行い、所属職員を監督する。

3　主事は、館長の命を受け、公民館の事業の実施にあたる。

第二十八条　市町村の設置する公民館の館長、主事その他必要な職員は、当該市町村の教育委員会（特定地方公共団体である市町村の長がその設置、管理及び廃止に関する事務を管理し、及び執行することとされた公館（第三十条第一項及び第四十条第一項において「特定公民館」という。）の館長、主事その他必要な職員にあつては、当該市町村の長）が任命する。

（公民館の職員の研修）

第二十八条の二　第九条の六の規定は、公民館の職員の研修について準用する。

（公民館運営審議会）

第二十九条　公民館に公民館運営審議会を置くことができる。

2　公民館運営審議会は、館長の諮問に応じ、公民館における各種の事業の企画実施につき調査審議するものとする。

第三十条　市町村の設置する公民館にあつては、公民館運営審議会の委員は、当該市町村の教育委員会（特定公民館に置く公民館運営審議会の委員にあつては、当該市町村の長）が委嘱する。

2　前項の公民館運営審議会の委員の委嘱の基準、定数及び任期その他当該公民館運営審議会に関し必要な事項は、当該市町村の条例で定める。この場合において、委員の委嘱の基準については、文部科学省令で定める基準を参酌するものとする。

第三十一条　法人の設置する公民館に公民館運営審議会を置く場合にあつては、その委員は、当該法人の役員をもつて充てるものとする。

（運営の状況に関する評価等）

第三十二条　公民館は、当該公民館の運営の状況について評価を行うとともに、その結果に基づき公民館の運営の改善を図るため必要な措置を講ずるよう努めなければならない。

（運営の状況に関する情報の提供）

第三十二条の二　公民館は、当該公民館の事業に関する地域住民その他の関係者の理解を深めるとともに、これらの者との連携及び協力の推進に資するため、当該公民館の運営の状況に関する情報を積極的に提供するよう努めなければならない。

社会教育法（抜粋）

（基金）

第三十三条 公民館を設置する市町村にあつては、公民館の維持運営のために、地方自治法（昭和二十二年法律第六十七号）第二百四十一条の基金を設けることができる。

（特別会計）

第三十四条 公民館を設置する市町村にあつては、公民館の維持運営のために、特別会計を設けることができる。

（公民館の補助）

第三十五条 国は、公民館を設置する市町村に対し、予算の範囲内において、公民館の施設、設備に要する経費その他必要な経費の一部を補助することができる。

2 前項の補助金の交付に関し必要な事項は、政令で定める。

第三十六条 削除

第三十七条 都道府県が地方自治法第二百三十二条の二の規定により、公民館の運営に要する経費を補助する場合において、文部科学大臣は、政令の定めるところにより、その補助金の額、補助の比率、補助の方法その他必要な事項につき報告を求めることができる。

第三十八条 国庫の補助を受けた市町村は、左に掲げる場合においては、その受けた補助金を国庫に返還しなければならない。

一 公民館がこの法律若しくはこの法律に基く命令又はこれらに基いてした処分に違反したとき。

二 公民館がその事業の全部若しくは一部を廃止し、又は第二十条に掲げる目的以外の用途に利用されるようになつたとき。

三 補助金交付の条件に違反したとき。

四 虚偽の方法で補助金の交付を受けたとき。

（法人の設置する公民館の指導）

第三十九条 文部科学大臣及び都道府県の教育委員会は、法人の設置する公民館の運営その他に関し、その求めに応じて、必要な指導及び助言を与えることができる。

（公民館の事業又は行為の停止）

第四十条 公民館が第二十三条の規定に違反する行為を行つたときは、市町村の設置する公民館にあつては当該市町村の教育委員会（特定公民館にあつては、当該市町村の長）、法人の設置する公民館にあつては都道府県の教育委員会は、その事業又は行為の停止を命ずることができる。

2 前項の規定による法人の設置する公民館の事業又は行為の停止命令に関し必要な事項は、都道府県の条例で定めることができる。

（罰則）

第四十一条 前条第一項の規定による公民館の事業又は行為の停止命令に違反する行為を

した者は、一年以下の懲役若しくは禁錮こ又は三万円以下の罰金に処する。

（公民館類似施設）
第四十二条　公民館に類似する施設は、何人もこれを設置することができる。
2　前項の施設の運営その他に関しては、第三十九条の規定を準用する。

第六章　学校施設の利用

（適用範囲）
第四十三条　社会教育のためにする国立学校（学校教育法第一条に規定する学校（以下この条において「第一条学校」という。）及び就学前の子どもに関する教育、保育等の総合的な提供の推進に関する法律第二条第七項に規定する幼保連携型認定こども園（以下「幼保連携型認定こども園」という。）であつて国（国立大学法人法（平成十五年法律第百十二号）第二条第一項に規定する国立大学法人（次条第二項において「国立大学法人」という。）及び独立行政法人国立高等専門学校機構を含む。）が設置するものをいう。以下同じ。）又は公立学校（第一条学校及び幼保連携型認定こども園であつて地方公共団体（地方独立行政法人法（平成十五年法律第百十八号）第六十八条第一項に規定する公立大学法人（次条第二項及び第四十八条第一項において「公立大学法人」という。）を含む。）が設置するものをいう。以下同じ。）の施設の利用に関しては、この章の定めるところによる。

（学校施設の利用）
第四十四条　学校（国立学校又は公立学校をいう。以下この章において同じ。）の管理機関は、学校教育上支障がないと認める限り、その管理する学校の施設を社会教育のために利用に供するように努めなければならない。
2　前項において「学校の管理機関」とは、国立学校にあつては設置者である国立大学法人の学長又は独立行政法人国立高等専門学校機構の理事長、公立学校のうち、大学及び幼保連携型認定こども園にあつては設置者である地方公共団体の長又は公立大学法人の理事長、大学及び幼保連携型認定こども園以外の公立学校にあつては設置者である地方公共団体に設置されている教育委員会又は公立大学法人の理事長をいう。

（学校施設利用の許可）
第四十五条　社会教育のために学校の施設を利用しようとする者は、当該学校の管理機関の許可を受けなければならない。
2　前項の規定により、学校の管理機関が学校施設の利用を許可しようとするときは、あらかじめ、学校の長の意見を聞かなければならない。
第四十六条　国又は地方公共団体が社会教育のために、学校の施設を利用しようとするときは、前条の規定にかかわらず、当該学校の管理機関と協議するものとする。
第四十七条　第四十五条の規定による学校施設の利用が一時的である場合には、学校の管

社会教育法（抜粋）　201

理機関は、同条第一項の許可に関する権限を学校の長に委任することができる。

2 前項の権限の委任その他学校施設の利用に関し必要な事項は、学校の管理機関が定める。

（社会教育の講座）

第四十八条 文部科学大臣は国立学校に対し、地方公共団体の長は当該地方公共団体が設置する大学若しくは幼保連携型認定こども園又は当該地方公共団体が設立する公立大学法人が設置する公立学校に対し、地方公共団体に設置されている教育委員会は当該地方公共団体が設置する大学及び幼保連携型認定こども園以外の公立学校に対し、その教育組織及び学校の施設の状況に応じ、文化講座、専門講座、夏期講座、社会学級講座等学校施設の利用による社会教育のための講座の開設を求めることができる。

2 文化講座は、成人の一般的教養に関し、専門講座は、成人の専門的学術知識に関し、夏期講座は、夏期休暇中、成人の一般的教養又は専門的学術知識に関し、それぞれ大学、高等専門学校又は高等学校において開設する。

3 社会学級講座は、成人の一般的教養に関し、小学校、中学校又は義務教育学校において開設する。

4 第一項の規定する講座を担当する講師の報酬その他必要な経費は、予算の範囲内において、国又は地方公共団体が負担する。

第七章　通信教育

（適用範囲）

第四十九条 学校教育法第五一四条、第七十条第一項、第八十二条及び第八十四条の規定により行うものを除き、通信による教育に関しては、この章の定めるところによる。

（通信教育の定義）

第五十条 この法律において「通信教育」とは、通信の方法により一定の教育計画の下に、教材、補助教材等を受講者に送付し、これに基き、設問解答、添削指導、質疑応答等を行う教育をいう。

2 通信教育を行う者は、その計画実現のために、必要な指導者を置かなければならない。

（通信教育の認定）

第五十一条 文部科学大臣は、学校又は一般社団法人若しくは一般財団法人の行う通信教育で社会教育上奨励すべきものについて、通信教育の認定（以下「認定」という。）を与えることができる。

2 認定を受けようとする者は、文部科学大臣の定めるところにより、文部科学大臣に申請しなければならない。

3 文部科学大臣が、第一項の規定により、認定を与えようとするときは、あらかじめ、第十三条の政令で定める審議会等に諮問しなければならない。

（認定手数料）

第五十二条　文部科学大臣は、認定を申請する者から実費の範囲内において文部科学省令で定める額の手数料を徴収することができる。ただし、国立学校又は公立学校が行う通信教育に関しては、この限りでない。

第五十三条　削除

（郵便料金の特別取扱）

第五十四条　認定を受けた通信教育に要する郵便料金については、郵便法（昭和二十二年法律第百六十五号）の定めるところにより、特別の取扱を受けるものとする。

（通信教育の廃止）

第五十五条　認定を受けた通信教育を廃止しようとするとき、又はその条件を変更しようとするときは、文部科学大臣の定めるところにより、その許可を受けなければならない。

2　前項の許可に関しては、第五十一条第三項の規定を準用する。

（報告及び措置）

第五十六条　文部科学大臣は、認定を受けた者に対し、必要な報告を求め、又は必要な措置を命ずることができる。

（認定の取消）

第五十七条　認定を受けた者がこの法律若しくはこの法律に基く命令又はこれらに基いてした処分に違反したときは、文部科学大臣は、認定を取り消すことができる。

2　前項の認定の取消に関しては、第五十一条第三項の規定を準用する。

附　則　抄

1　この法律は、公布の日から施行する。

5　この法律施行前通信教育認定規程（昭和二十二年文部省令第二十二号）により認定を受けた通信教育は、第五十一条第一項の規定により、認定を受けたものとみなす。

社会教育法（抜粋）｜203

索　引

■アルファベット

CSR　10, 133
CSV　10
NPO　iii, v, 4, 6, 7, 10, 35, 62, 67, 81, 86,
　　108-111, 132, 134, 147
Society5.0　3, 22
VUCA　4, 5, 8

■ア行

アイスブレイク　98
アウトカム　112-117
アウトプット　112, 115, 114
アウトリーチ　6
アンケート　79, 112, 116, 117, 181, 182
アンドラゴジー　40, 41, 45, 46, 61
居場所　16, 25, 33
打ち合わせ　97
運動　54
エイジング　58, 60
『エミール』　23
エンパワーメント　77, 88

■カ行

外国につながる子どもたち　34
会場の準備　96
外部評価　118
カウンセリングマインド　26
学習課題　9, 10, 20, 44, 45
学習権宣言　8
学習支援　iii, iv, v, 1, 5, 6, 8, 24, 25, 52, 62, 66,
　　101, 184
学習支援者　iv, 1, 8-10, 26, 82, 86, 88, 119, 130,
　　146, 149, 151, 152, 184
学習資源　79, 81
学習指導要領　22, 112
学習者主体　40, 43, 45, 62
学習特性　6
学習ニーズ　iii, 79, 121, 122
学習の継続性　98

学習プログラム　iv, 9, 50, 75-77, 87, 94, 96, 104,
　　112, 118, 129
学習方法　98
学習要求　79
学校　iii, 17, 104, 106, 108
学校教育　1, 4, 5, 7, 39, 112, 133
家庭教育　4, 104, 107, 139
家庭教育学級　104, 106
カリキュラム　iii, 146, 150
企画　78, 89
企画委員会　84
企画書　77, 80, 82, 167-169
企業　iii, v, 4, 134
きっかけづくり　5
教育委員会事務局　iii, 130
教育基本法　2, 188
共生社会　73
協働　81, 84, 87, 106, 150
共同性　94, 119
記録　94, 112, 118
クロージング　97, 98, 100
グローバル化　4, 22, 34
経験　v, 23, 42, 72, 149
欠席者　100
研修　138, 139, 142, 147, 148, 150, 155, 159
現代的学習課題　19, 22
広報（広報活動）　15, 77, 83, 94, 140, 155
公民館　iii, 64, 70, 79, 107, 120, 122, 138, 144,
　　154, 157
　　——運営審議会　120, 122
　　——職員　154, 155, 157
　　——保育室　12
　　——連絡協議会　152, 154
合理的配慮　72, 73
高齢者　58, 60-62, 79
高齢社会　66
コーディネーター　50, 68, 109-111, 133, 148
コーディネート　28, 51, 73, 107, 130, 135, 138,
　　140, 141

索　引　205

コーディネート能力　135
子ども　iv, 1, 5, 14, 16, 18, 20, 22, 24, 26-28, 30, 32, 34, 35
子ども会議　27
子どもの権利条約　23
コミュニケーション　136
コミュニケーション能力　150
コミュニティ　10, 53, 129, 132, 146, 149, 150
コミュニティづくり　iii

■サ行

参加型学習　81, 101
ジェロゴジー　58, 61
支援者支援　37
ジェンダー　46, 77, 78, 88, 117
事業計画　78
事業評価　99
自己決定　52, 53
自己実現　3
自己評価　113, 115
自主活動　116
自主グループ　14, 15, 100
自主グループ研修　138-140, 151
自主サークル　118
事前準備　94, 95
持続可能な開発目標（SDGs）　4, 54
実行委員会　30, 33, 91, 121
実践コミュニティ　151
実践と省察のサイクル　148, 150, 152
質的評価　114, 117, 127
指定管理者　86, 92, 144, 148
シニア世代　84
社会教育　iii, iv, 1, 2, 7, 9, 10, 43, 47, 142, 143
　　——委員会議　66
　　——関係職員　43, 119, 130, 131, 133, 148, 152, 184
　　——関連施設　iii
　　——士　iii, 1, 130, 132, 133, 161
　　——施設　76, 81, 150
　　——実習　150
　　——主事　iii, 1, 2, 9, 45, 97, 130, 148, 150, 152, 160, 184

　　——職員　43, 142
　　——法　2, 192
社会構造　40, 46, 47
社会実現　3
社会的課題　v, 9, 10, 16, 39, 122
社会的排除　20, 24, 25
社会的包摂　24, 25
社会とつながる　6
社会をつくる（学び）　iv, 2, 8, 9, 46
集合研修　185
主体性　2, 5, 8, 20, 22, 25, 30, 53, 94, 101, 102, 119
生涯学習　iii, 1, 2, 16, 19
　　——支援　iv
　　——支援論　iii, 1, 2
　　——者　v, 1, 6, 20
　　——社会　2-4, 9, 39, 58
　　——の理念　2
障害者　70-73
障害者青年学級　71
生涯発達論　58, 60, 61
状況的学習論　49
状態目標　76, 80, 82
ショーン（Shōn, D）　148
職業教育　42
事例　iv, v
人権　23
人権学習　104
人権尊重　4, 8
人生100年時代　iii, 3, 39, 58, 97
数量的評価　114, 117, 127
生育環境　22, 28
生活に根ざした学習　44, 45
省察的実践者　149
成人　iv, 46
　　——教育　28, 42
　　——の学習　39, 40, 43
　　——の学習者　40, 46
世界人権宣言　8
専門職　iv
専門性　iii, 26, 157
専門力　86, 88, 89

ソーシャルワーク　26

■タ行

ターゲットワーク　16, 17
大学　4
対象者理解　76
ダイヤモンドランキング　102, 178
男女共同参画（社会）　9, 22, 77, 79, 80, 86-89
地域課題（解決）　iii, 81, 90, 121, 150
地域学校協働活動　20, 28, 134
地域活動　50, 93
地域資源　84
地域社会　1, 3, 9, 28, 66, 132
地域大学　50
地域づくり　iii, 5, 9, 28, 58, 90, 131, 134
中央教育審議会　3, 28, 186
超高齢社会　63, 64
著作権法　96, 170
チラシ　66, 75, 77, 83, 92, 94
通信　99, 175, 176
つながり（づくり）　v, 4, 5
デザイン　iii, iv, 3, 9, 27, 29, 75, 78, 94, 95, 101,
　　103, 129, 148
トータルプロセスデザイン　94
特別支援学校　6, 71

■ナ行

認知症　63, 64
ネガティブ・ケイパビリティ　5
ネットワーク　10, 53, 81, 82, 84, 129, 140-142,
　　144-146, 151, 160
ネットワーク型行政　5
ノールズ（Knowles, M. S.）　40-42, 45, 46, 61

■ハ行

配布資料　96
発達課題（論）　20-22
発達段階　20-22
ひきこもり　16, 24
人づくり　iii, 5, 131, 134
評価　75, 112, 113, 117-120, 136
　――指数　113

――疲れ　113
ファシリテーション　28, 130
ファシリテーション能力　135
ファシリテーター　84, 87, 89, 102, 135
ふり返り　14, 52, 81, 94, 100, 106, 112, 117
ふり返りシート　52, 85, 98-100, 115, 118, 173,
　　174, 183
プレゼンテーション能力　134, 136
平生教育（士）　151, 158-160
ペダゴジー　40, 41, 61
ポジティブ・エイジング　60, 61
ボランティア　7, 9, 17, 30, 62, 66, 90, 91, 107,
　　117, 132

■マ行

まちづくり　53
学び合い　9, 44, 149
学び合い学習　50
学び合（あ）うコミュニティ　133, 151
学びのセーフティネット　6

■ヤ行

夜間中学　7
ユースワーカー　18
ユースワーク　6, 16, 18, 19, 26

■ラ行

ライフキャリア　3
ラングラン（Lengrand, P.）　5, 40
力量形成　144, 146-148, 150, 152, 154
リンデマン（Lindeman, E. C.）　41, 42, 45
レーベル（Lebel, J.）　61
レジリエンス　5
連携・協働　iii, v, 4, 8, 9, 121, 133, 136, 150

■ワ行

ワークショップ　76, 98, 101, 142, 177

各部の執筆者紹介　（掲載順、2019 年 9 月現在）

中村　香（なかむら　かおり）　**第 1 部**

1968 年、バンコク生まれ。多国籍企業に約 10 年間勤めた後、英国のバーミンガム大学に留学し、修士を取得。帰国後、お茶の水女子大学人間文化創成科学研究科（博士後期課程）で研究し、2007 年に博士（学術）を取得。現在、玉川大学教育学部教授、川崎市教育委員。専門は生涯学習論、組織学習論、成人教育学、社会教育学。

【主な著訳書】

『生涯学習のイノベーション』（共編著、玉川大学出版部、2013 年）、『ボランティア活動をデザインする』（共著、学文社、2013 年）、『生涯学習社会の展開』（共編著、玉川大学出版部、2012 年）、『学校・家庭・地域の連携と社会教育』（共著、東洋館出版社、2010 年）、『学習する組織とは何か』（単著、鳳書房、2009 年）、『成人女性の学習』（共訳、鳳書房、2009 年）他多数。

渋江　かさね（しぶえ　かさね）　**第 2 部**

宮城県生まれ。お茶の水女子大学大学院人間文化研究科（博士後期課程）で学ぶ。2011 年に博士（学術）を取得。東京都大田区教育委員会社会教育課で社会教育指導員（非常勤職員）として勤務の後、2003 年に静岡大学に着任。教育学部生涯教育課程生涯学習専攻の教員として、社会教育、生涯学習を担当。現在、同大学大学院教育学研究科教育実践高度化専攻（教職大学院）准教授。専門は、成人教育学、社会教育学、生涯学習論。

【主な著訳書】

『成人教育者の能力開発』（単著、鳳書房、2012 年）、『社会教育における評価』（共著、東洋館出版社、2012 年）、『成人女性の学習』（共訳、鳳書房、2009 年）、『おとなの学びを拓く』（共訳、鳳書房、1999 年）他。

髙井　正（たかい　ただし）**第3部**

1955 年、東京都生まれ。早稲田大学教育学部時代、東京都青年の家や地元荒川区で青年教育活動を経験し、1979 年、足立区教育委員会に就職。青年館、女性総合センター、生涯学習課、教育政策課などで 36 年間、社会教育主事として勤務。この間、（社）日本青年奉仕協会や東京ボランティア・市民活動センターにて市民活動に取り組む。19 年間兼業していた立教大学兼任講師を経て、2015 年から立教大学学校・社会教育講座特任准教授。行政・職員を中心に社会教育全般に関心あり。地元草加市の社会教育委員や公益財団法人日本女性学習財団理事などを務める。

【主な著書】

『社会教育職員養成と研修の新たな展望』（共著、東洋館出版社、2018 年）、『大都市・東京の社会教育—歴史と現在』（共著、エイデル研究所、2016 年）、『21 世紀の女性政策と男女共同参画社会基本法』（共著、ぎょうせい、2000 年）、『葦笛のうた—足立・女の歴史』（共著、ドメス出版、1989 年）他。

倉持　伸江（くらもち　のぶえ）**第4部**

東京都練馬区生まれ。現在、東京学芸大学教育学部准教授。専門は、社会教育学、成人教育学、生涯学習論、職員・支援者論、省察的実践論など。全国社会教育職員養成研究連絡協議会（社養協）事務局長（2015 年〜現在）。都内自治体の社会教育委員、公民館運営審議会委員などを務める。

【主な著訳書】

『社会教育職員養成と研修の新たな展望』（共著、東洋館出版社、2018 年）、『省察的実践者の教育—プロフェッショナル・スクールの実践と理論』（共訳、鳳書房、2017 年）、『教育支援とチームアプローチ—社会と協働する学校と子ども支援』（共著、書肆クラルテ、2016 年）、『地域を支える人々の学習支援—社会教育関連職員の役割と力量形成』（共著、東洋館出版社、2015 年）、『社会教育における評価』（共著、東洋館出版社、2012 年）、他多数。

<small>しょうがいがくしゅう し えん</small>
生涯学習支援のデザイン

2019年10月1日　初版第1刷発行
2021年8月10日　初版第2刷発行

編著者――――髙井正・中村香
発行者――――小原芳明
発行所――――玉川大学出版部
　　　　　　〒194-8610　東京都町田市玉川学園6-1-1
　　　　　　TEL 042-739-8935　FAX 042-739-8940
　　　　　　http://www.tamagawa.jp/up/
　　　　　　振替　00180-7-26665

装　丁――――しまうまデザイン
印刷・製本――創栄図書印刷株式会社

乱丁・落丁本はお取り替えいたします。
©Tadashi Takai, Kaori Nakamura 2019　Printed in Japan
ISBN 978-4-472-40587-7 C3037 / NDC 379